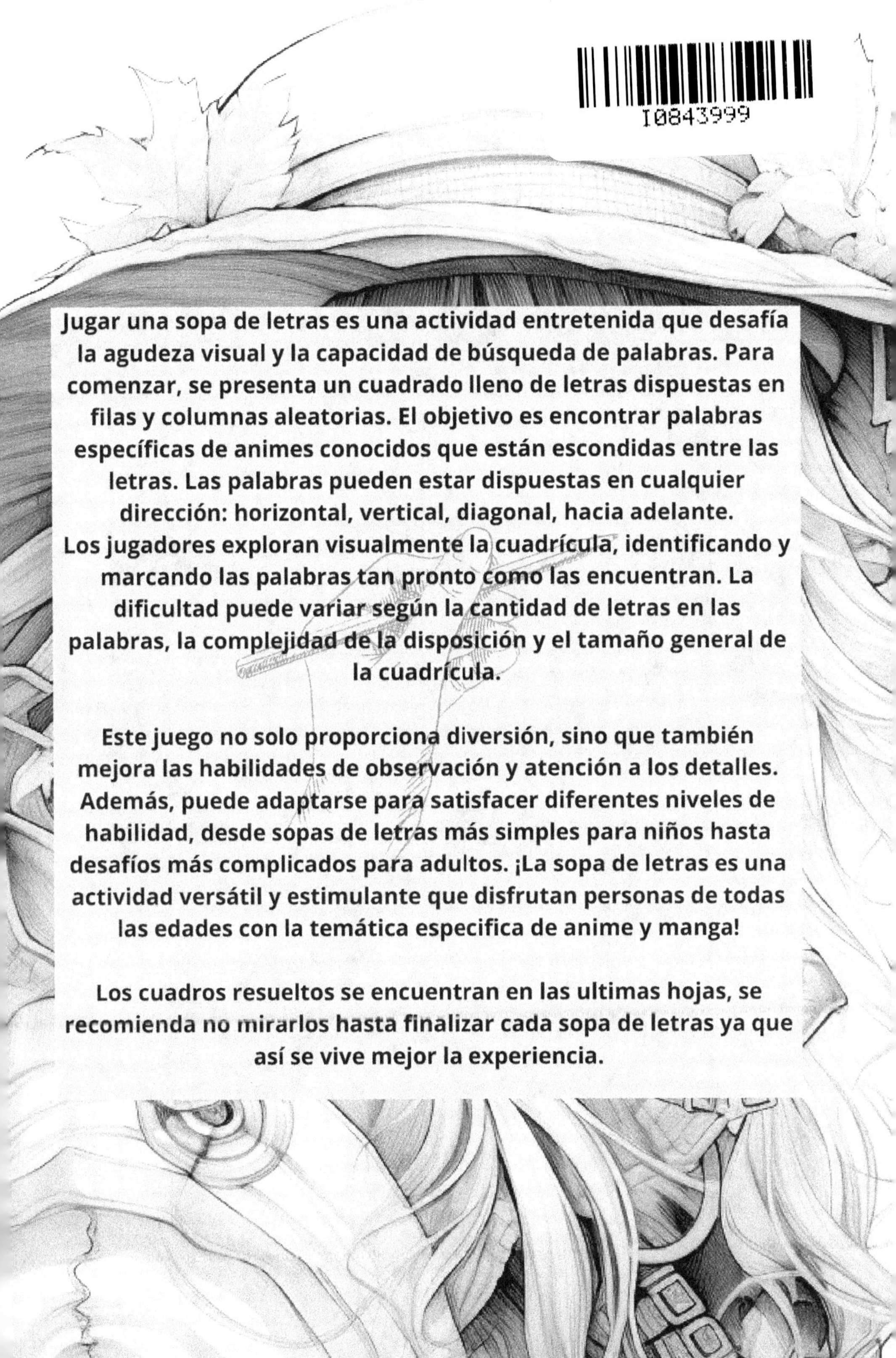

Jugar una sopa de letras es una actividad entretenida que desafía la agudeza visual y la capacidad de búsqueda de palabras. Para comenzar, se presenta un cuadrado lleno de letras dispuestas en filas y columnas aleatorias. El objetivo es encontrar palabras específicas de animes conocidos que están escondidas entre las letras. Las palabras pueden estar dispuestas en cualquier dirección: horizontal, vertical, diagonal, hacia adelante. Los jugadores exploran visualmente la cuadrícula, identificando y marcando las palabras tan pronto como las encuentran. La dificultad puede variar según la cantidad de letras en las palabras, la complejidad de la disposición y el tamaño general de la cuadrícula.

Este juego no solo proporciona diversión, sino que también mejora las habilidades de observación y atención a los detalles. Además, puede adaptarse para satisfacer diferentes niveles de habilidad, desde sopas de letras más simples para niños hasta desafíos más complicados para adultos. ¡La sopa de letras es una actividad versátil y estimulante que disfrutan personas de todas las edades con la temática especifica de anime y manga!

Los cuadros resueltos se encuentran en las ultimas hojas, se recomienda no mirarlos hasta finalizar cada sopa de letras ya que así se vive mejor la experiencia.

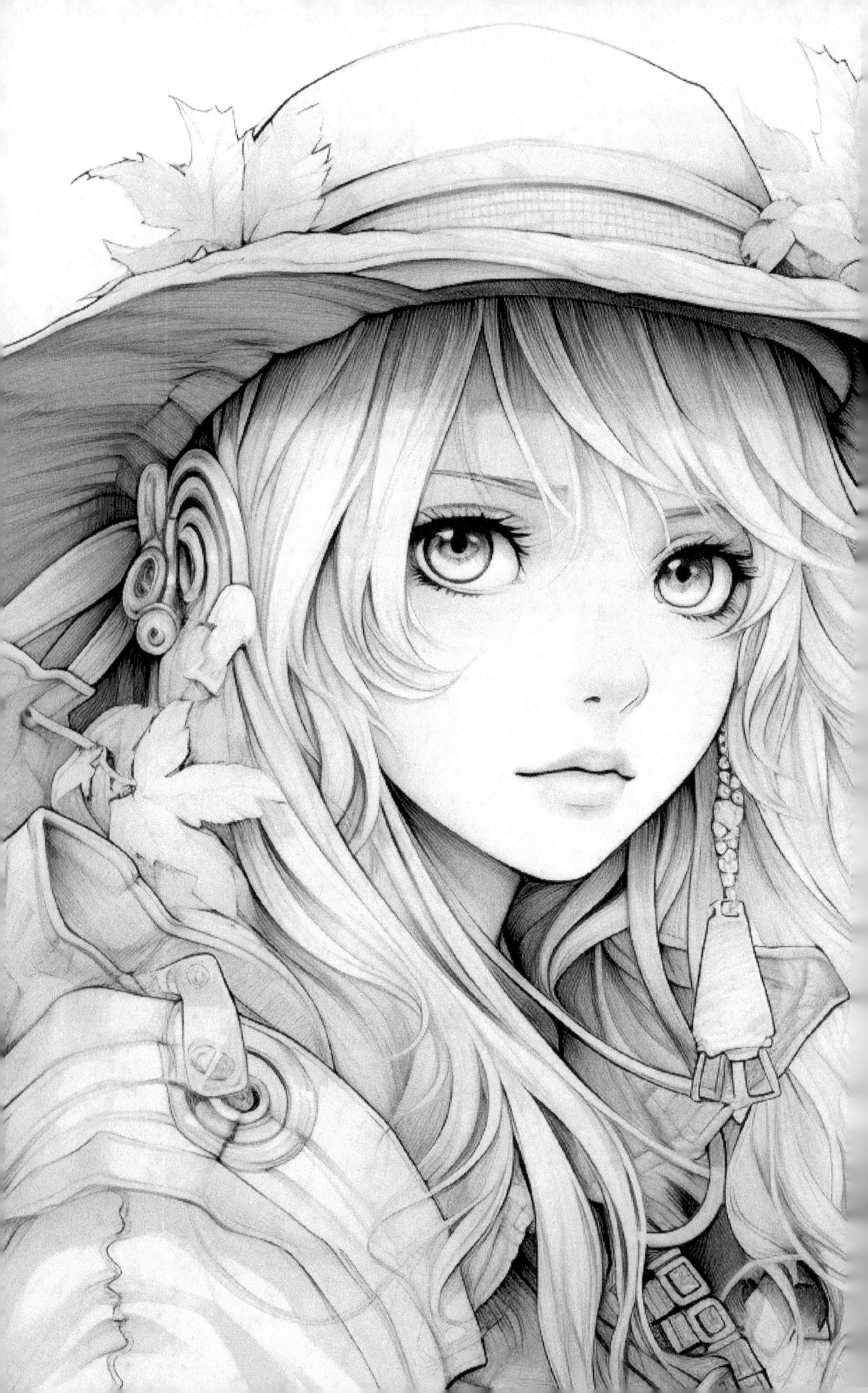

LISTA DE ANIMES

C	S	U	N	O	K	J	M	T	X	C	O	W	B	O	B	E	B	O	P
S	W	O	R	D	A	R	T	O	N	L	I	N	E	M	C	Q	C	F	A
R	X	F	U	L	L	M	E	T	A	L	A	L	C	H	E	M	I	S	T
Z	A	K	H	B	S	P	E	P	O	C	C	O	D	E	G	E	A	S	S
D	F	A	I	R	Y	T	A	I	L	Z	Q	Y	Y	L	N	F	T	P	S
R	O	K	D	C	F	I	A	D	V	E	B	G	O	N	P	I	E	C	E
A	J	I	F	E	A	M	V	Q	B	X	J	U	A	U	N	M	H	K	S
G	T	H	N	D	M	F	P	A	G	B	F	T	L	A	P	Y	U	I	T
O	B	S	R	L	J	O	L	M	L	V	I	P	M	H	T	H	N	Y	E
N	Z	S	O	S	I	N	U	T	T	P	H	S	L	B	E	T	M	I
B	Z	P	O	B	A	I	O	S	N	B	C	D	U	K	D	R	E	T	N
A	X	J	L	Z	J	H	I	O	L	N	L	O	E	E	Z	O	R	U	S
L	F	F	X	L	G	O	K	J	U	A	W	E	T	R	Z	A	X	Q	G
L	Q	R	F	O	M	C	U	P	X	K	Y	O	A	V	H	C	H	D	A
Z	Z	N	Y	V	A	Z	E	R	I	G	N	E	J	C	K	A	U	N	T
G	D	K	H	T	B	N	S	U	K	H	R	Q	R	L	H	D	N	A	E
Y	O	H	T	C	O	K	N	C	T	G	E	Z	F	L	Y	E	T	R	S
T	W	A	V	V	R	J	Y	A	T	F	C	N	H	S	M	M	E	U	I
P	M	R	J	G	U	J	E	I	W	W	C	I	W	L	D	I	R	T	H
D	Y	I	L	K	G	D	W	D	A	T	W	G	W	U	V	A	R	O	B

- **Naruto**
- **Dragon Ball Z**
- **One Piece**
- **Attack on Titan**
- **My Hero Academia**
- **Death Note**
- **Fullmetal Alchemist**
- **Sword Art Online**
- **One Punch Man**
- **Demon Slayer**
- **Hunter x Hunter**
- **Tokyo Ghoul**
- **Cowboy Bebop**
- **Neon Genesis Evangelion**
- **Code Geass**
- **Steins Gate**
- **Fairy Tail**
- **Bleach**

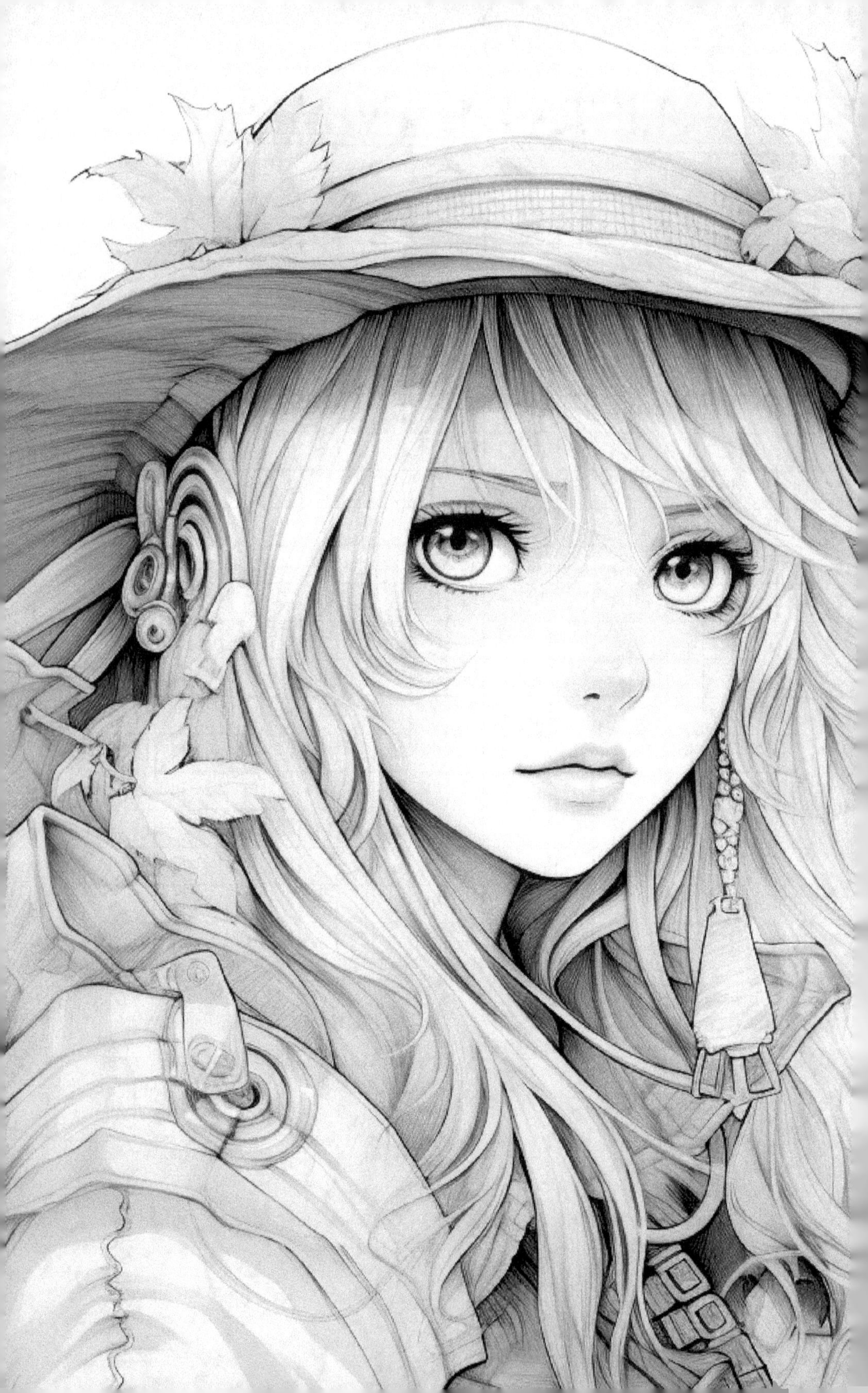

NARUTO

F	W	N	Y	R	E	A	O	T	L	A	V	B	X	V	C	V	S	S	X
P	I	Y	A	U	L	L	Q	F	R	B	T	G	C	F	H	K	W	F	T
T	X	A	M	U	E	F	J	U	B	D	S	H	I	K	A	M	A	R	U
G	V	F	A	P	Z	B	K	G	A	A	R	A	B	Y	W	Y	C	K	L
B	B	Y	T	Z	U	A	M	J	Q	T	N	Z	W	C	I	Y	U	W	U
E	S	L	O	K	S	I	S	J	K	V	E	G	A	A	D	I	N	T	V
H	S	W	B	U	J	S	A	A	K	J	T	K	R	V	I	N	B	H	N
E	E	S	K	Z	A	S	I	S	I	N	O	I	I	O	D	Q	F	I	A
M	H	I	N	A	T	A	K	Z	F	U	J	B	U	B	F	Y	U	Z	R
U	Z	L	Z	K	Z	Q	O	N	R	R	F	N	A	G	A	T	O	T	U
Y	R	O	C	K	A	E	U	A	J	V	H	A	E	N	R	S	N	R	T
X	Y	T	N	Q	G	K	M	S	V	I	K	E	Y	L	T	N	B	S	O
C	Z	Q	E	Z	A	I	A	P	O	G	E	V	I	G	S	N	F	U	H
I	C	M	J	U	H	B	B	S	W	Y	G	Y	T	K	U	K	O	A	W
Y	H	G	I	C	K	H	C	O	H	A	T	M	A	B	N	J	S	O	U
A	F	P	O	O	I	C	V	V	Y	I	T	Z	C	R	A	F	A	K	B
P	F	R	A	F	S	I	X	Y	G	X	S	S	H	H	D	J	Z	T	S
J	O	H	D	F	A	S	U	V	L	E	A	Z	I	O	E	G	Q	W	O
Q	S	X	V	I	M	M	G	P	A	I	N	W	C	Y	S	W	K	O	M
Z	A	H	I	Y	E	W	E	I	S	A	S	U	K	E	U	J	P	B	H

- **Naruto**
- **Sasuke**
- **Sakura**
- **Kakashi**
- **Hinata**
- **Shikamaru**
- **Ino**
- **Kiba**
- **Rock**
- **Neji**
- **pain**
- **Gaara**
- **Jiraiya**
- **Tsunade**
- **Orochimaru**
- **Itachi**
- **Kisame**
- **nagato**
- **Sai**
- **Yamato**

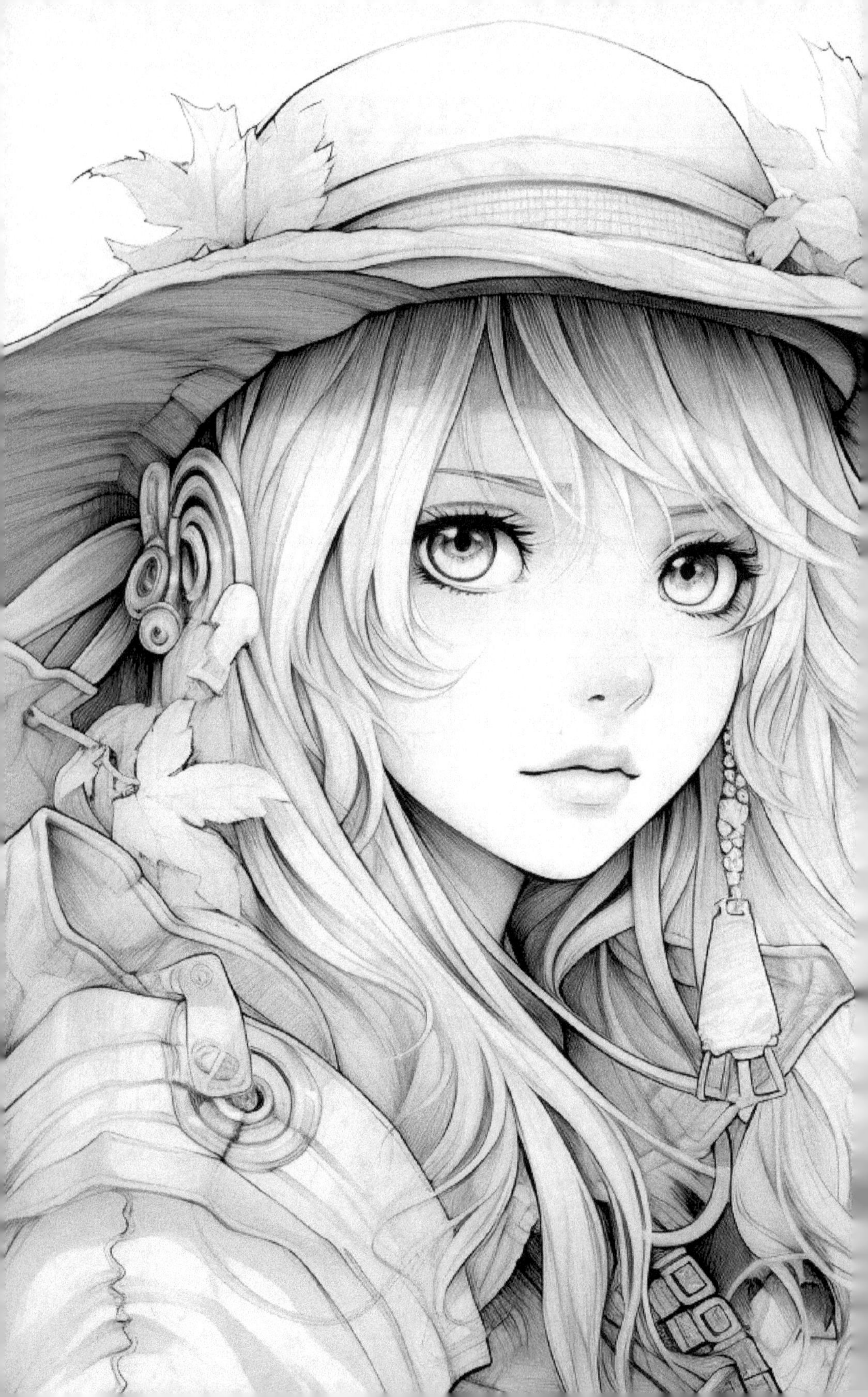

DRAGON BALL Z

C	C	A	R	J	T	B	G	J	H	V	O	D	B	F	B	D	A	Q	K
Q	E	Z	J	W	T	U	E	M	R	N	L	P	Q	Z	A	F	I	F	R
U	M	V	A	R	M	F	J	J	J	W	N	Y	O	P	G	E	X	C	Q
U	Q	Z	W	K	T	I	R	U	J	Z	N	B	F	I	W	U	V	Z	P
D	J	Z	S	R	R	K	L	V	Q	D	P	X	C	I	M	B	Y	O	
O	P	R	X	I	S	D	G	K	H	G	V	H	D	C	A	S	D	O	R
A	T	N	F	L	C	X	D	F	O	A	D	N	E	O	M	Q	B	A	G
H	E	G	R	I	G	V	E	G	E	T	A	H	R	L	K	G	T	L	L
O	N	D	E	N	S	P	L	M	I	N	R	M	N	O	V	R	L	J	D
X	S	P	E	P	B	V	V	P	E	U	S	G	X	T	M	W	G	Z	P
H	H	J	Z	M	R	R	I	T	K	K	D	E	N	D	E	I	N	A	G
C	I	S	E	M	D	Y	O	D	N	P	L	M	L	Q	V	W	H	E	O
U	N	V	R	A	R	G	R	U	E	L	P	V	T	W	U	C	W	Y	H
P	H	C	S	J	W	F	R	L	E	L	E	C	T	R	M	S	O	C	A
M	A	I	G	I	S	T	Q	C	B	F	T	L	H	A	D	R	A	C	N
E	N	T	O	N	Q	S	X	W	Y	U	N	N	Y	A	R	E	D	A	G
S	G	Z	K	B	L	B	F	L	G	T	L	F	I	W	O	E	N	C	J
T	H	O	U	U	A	N	D	P	T	H	X	M	T	F	A	Z	K	I	F
R	K	N	M	U	M	R	P	U	Q	Y	A	R	A	D	I	T	Z	L	J
A	R	K	K	E	Y	W	O	A	T	P	R	G	E	E	M	G	F	I	X

- Goku
- Vegeta
- Gohan
- Piccolo
- Trunks
- Bulma
- Krilin
- Freezer
- Cell
- Majin Buu
- Goten
- Milk
- Yamcha
- Tenshinhan
- Chaoz
- Videl
- Dende
- Raditz

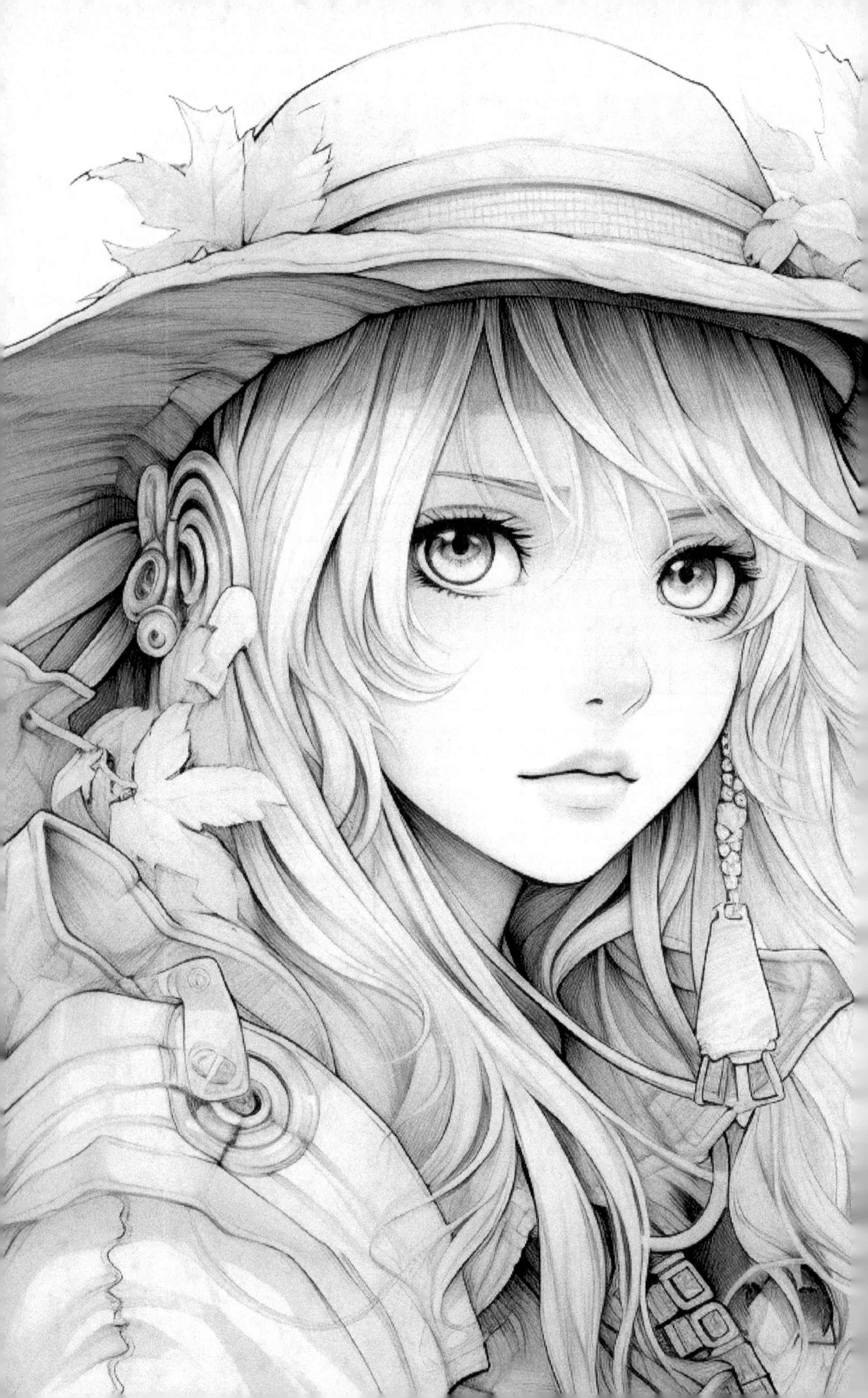

ONE PIECE

C	G	G	T	T	D	K	I	U	Y	O	N	W	Q	O	T	V	Q	H	U
M	H	G	A	A	G	J	L	F	S	O	T	V	H	F	Z	N	Z	L	C
P	T	S	N	C	P	J	F	Z	O	H	M	X	V	V	U	B	M	W	F
F	M	K	S	S	T	U	B	T	G	R	Q	B	U	J	N	S	A	U	U
D	K	R	H	S	L	U	D	F	R	X	Z	M	D	N	Q	T	G	P	F
A	C	E	B	Z	A	U	B	V	D	I	Y	G	S	O	B	R	O	O	K
H	D	U	I	H	S	B	S	V	O	F	P	O	M	B	D	U	T	N	C
K	A	M	C	Y	N	Z	O	B	S	H	A	N	K	S	U	Z	C	P	N
K	A	Y	V	X	N	D	Q	O	V	S	V	U	Y	Y	R	J	P	M	N
N	I	S	Y	B	K	U	W	A	V	S	S	L	J	Q	U	N	S	Q	I
S	F	D	A	H	U	R	Y	H	Y	K	A	N	Y	A	R	I	M	E	B
M	K	F	R	A	N	K	Y	A	O	A	X	N	N	G	H	E	B	N	D
O	D	Z	B	V	S	G	F	N	Y	I	I	B	J	H	S	N	R	C	V
K	U	O	U	N	K	C	C	C	J	D	D	O	J	I	I	Q	L	A	W
E	A	V	I	U	S	H	H	O	H	O	L	M	R	J	W	D	U	Q	D
R	G	B	G	S	T	C	O	C	J	Z	G	E	I	T	L	C	S	R	M
T	O	L	U	O	A	L	P	K	R	O	E	R	L	M	Q	B	Q	V	A
R	V	Z	A	P	E	K	P	O	E	R	J	H	T	I	E	H	H	J	P
O	P	Y	S	P	G	B	E	C	J	O	Y	Z	O	V	G	L	I	P	J
B	I	G	M	O	M	I	R	Y	L	C	O	G	Y	P	C	N	H	D	N

- **Luffy**
- **Zoro**
- **Nami**
- **Sanji**
- **Usopp**
- **Chopper**
- **Robin**
- **Franky**
- **Brook**
- **Jinbei**
- **Ace**
- **Sabo**
- **Boa Hancock**
- **Law**
- **Kid**
- **Smoker**
- **Kaido**
- **Big Mom**
- **Shanks**

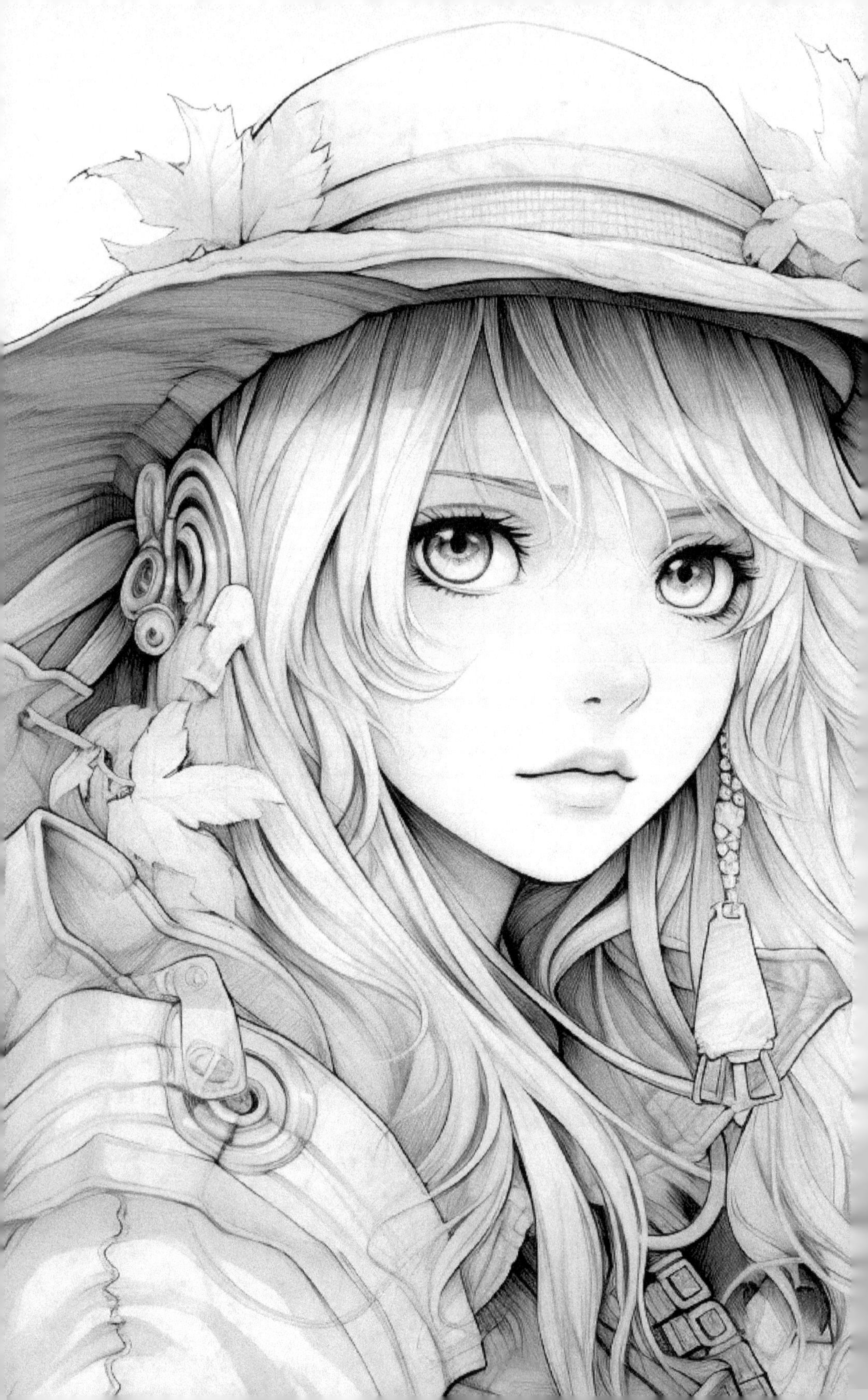

ATTACK ON TITAN

P	Y	K	F	E	Y	D	J	D	R	O	S	F	V	Z	L	P	Y	P	J
S	Y	C	P	Y	V	X	Y	E	C	T	R	H	R	E	I	S	S	S	C
L	C	L	U	I	B	J	I	H	T	K	X	W	N	N	M	O	B	V	W
G	R	J	X	Q	E	N	V	M	R	E	I	N	E	R	K	G	A	B	P
L	Y	K	V	Q	N	C	U	S	N	S	A	S	H	A	R	N	O	I	P
I	M	A	F	O	K	H	K	L	J	B	Y	V	B	B	S	N	M	P	I
R	I	D	C	G	S	V	M	M	S	W	S	V	N	E	I	R	I	T	P
P	R	Q	B	C	M	I	K	A	S	A	V	Q	Z	M	R	Q	I	T	E
Y	G	G	X	J	T	V	L	C	X	N	O	S	R	L	A	S	O	G	N
U	M	J	T	L	Z	X	W	Z	I	G	P	H	P	S	D	R	N	W	D
Z	Y	L	O	O	Q	U	M	V	F	G	W	C	B	X	J	A	L	R	D
A	C	C	M	W	D	Z	E	A	R	M	I	N	A	Y	H	I	K	E	Y
C	N	G	E	M	E	L	J	E	S	P	F	S	M	Z	E	K	E	G	Y
Z	X	N	Z	A	D	N	D	V	R	V	B	A	W	Y	E	N	G	H	T
E	Y	Z	I	D	E	S	S	G	B	E	T	R	L	T	I	I	R	E	W
C	P	X	D	E	V	N	V	N	O	W	N	G	Y	C	I	A	Y	X	B
Z	L	U	N	J	D	V	F	H	T	I	C	N	T	L	O	C	M	T	F
U	H	L	R	E	K	P	I	L	W	E	N	Q	P	V	L	Y	B	V	T
R	J	X	X	A	Q	T	H	R	K	E	P	J	T	U	J	L	C	D	B
O	S	M	G	N	R	J	E	C	K	I	J	G	A	B	I	N	F	J	V

- Eren
- Mikasa
- Armin
- Levi
- Reiss
- Erwin
- Jean
- Sasha
- Connie
- Reiner
- Annie
- Zeke
- Hange
- Falco
- Gabi
- Pieck
- Colt
- Ymir
- Kenny
- Marley

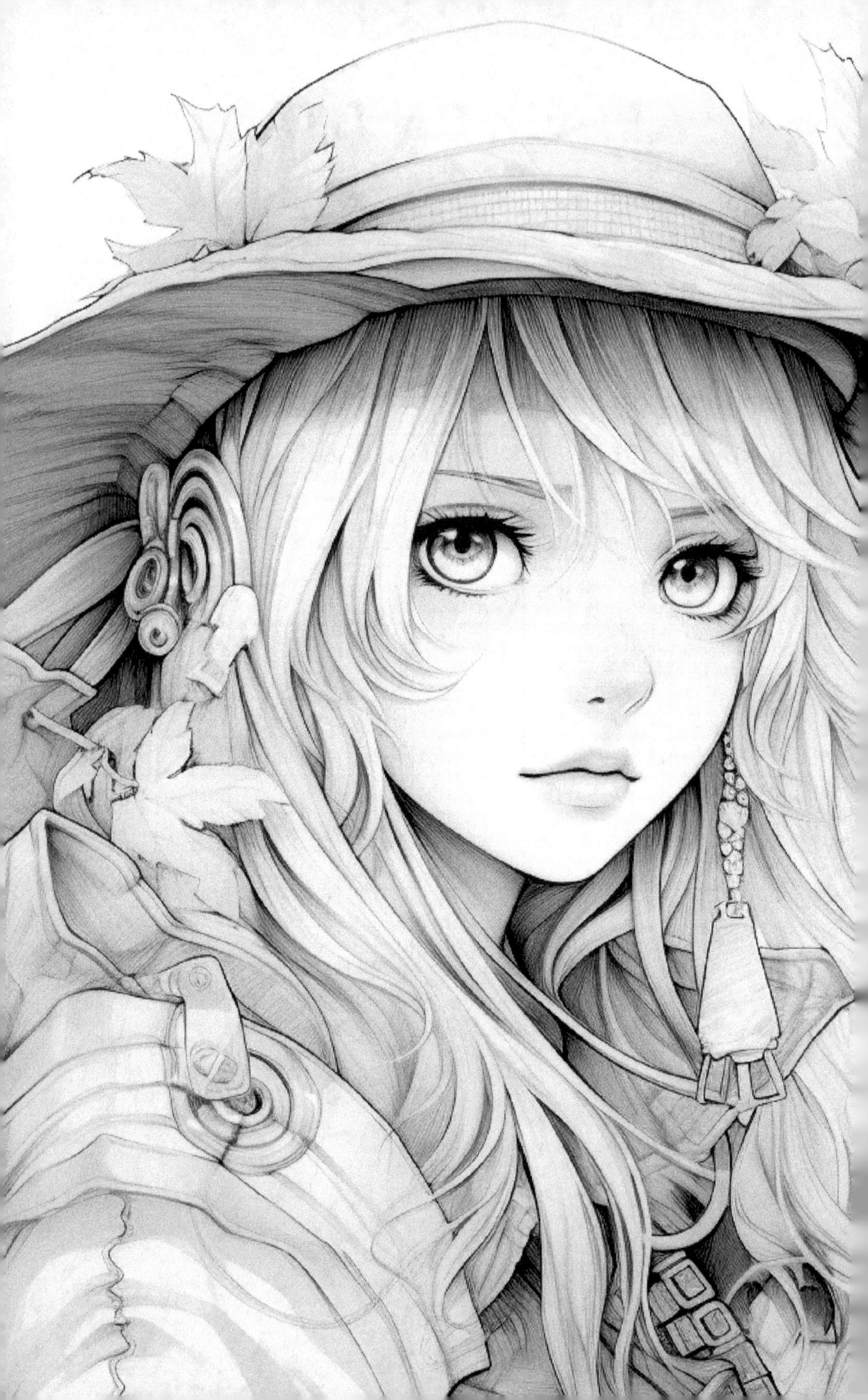

MY HERO ACADEMIA

H L N P O L H E I J I R O S H O T O C W
I B T D I M K W J K S C E H J I O F T Q
M P Y H E F P U O G V N I Z F S G E T B
I G E A E N I K Q E F N N J E U Y N O D
K Z J W U U K R D R O M Z T F O J D M B
O L N K J X F I C D K C K X J Z L E U T
R B T S U Y U K J L X J H Y I P K A R X
F U M I K A G E O X P R E A O O E V A C
V E C Z Z H O W T Z N P M L C K V O G K
Z L O J U Q Z H S W D E L I I O A R M L
F I E W P O G P B L C W J K A T S U K I
B J T D Y I C I N Q U O G I Q E K L V M
F W N Y M G J N J K I D H Y R Q V J J D
H X P L O P Z T U R E J A U W E F P E T
K T L U M C J Z I F X D Q R W J Z R D S
R A E G O X I M M A L L F O R O N E W N
V F M N M R E Y L M I U Z N N W S Z D F
D H Y T Y P T N F H C P H C H G P O P X
S T A I N A O S F E E N O A E Q W Z G T
G T G X M X T D Y Q I W A S R G Y H C C

- Izuku
- Katsuki
- AllMight
- Ochaco
- Tenya
- Shoto
- Tsuyu
- Eijiro
- Momo
- Endeavor
- AllForOne
- Himiko
- Tomura
- Stain
- Mirio
- Nejire
- Hawks
- Fumikage
- Denki
- Kyoka

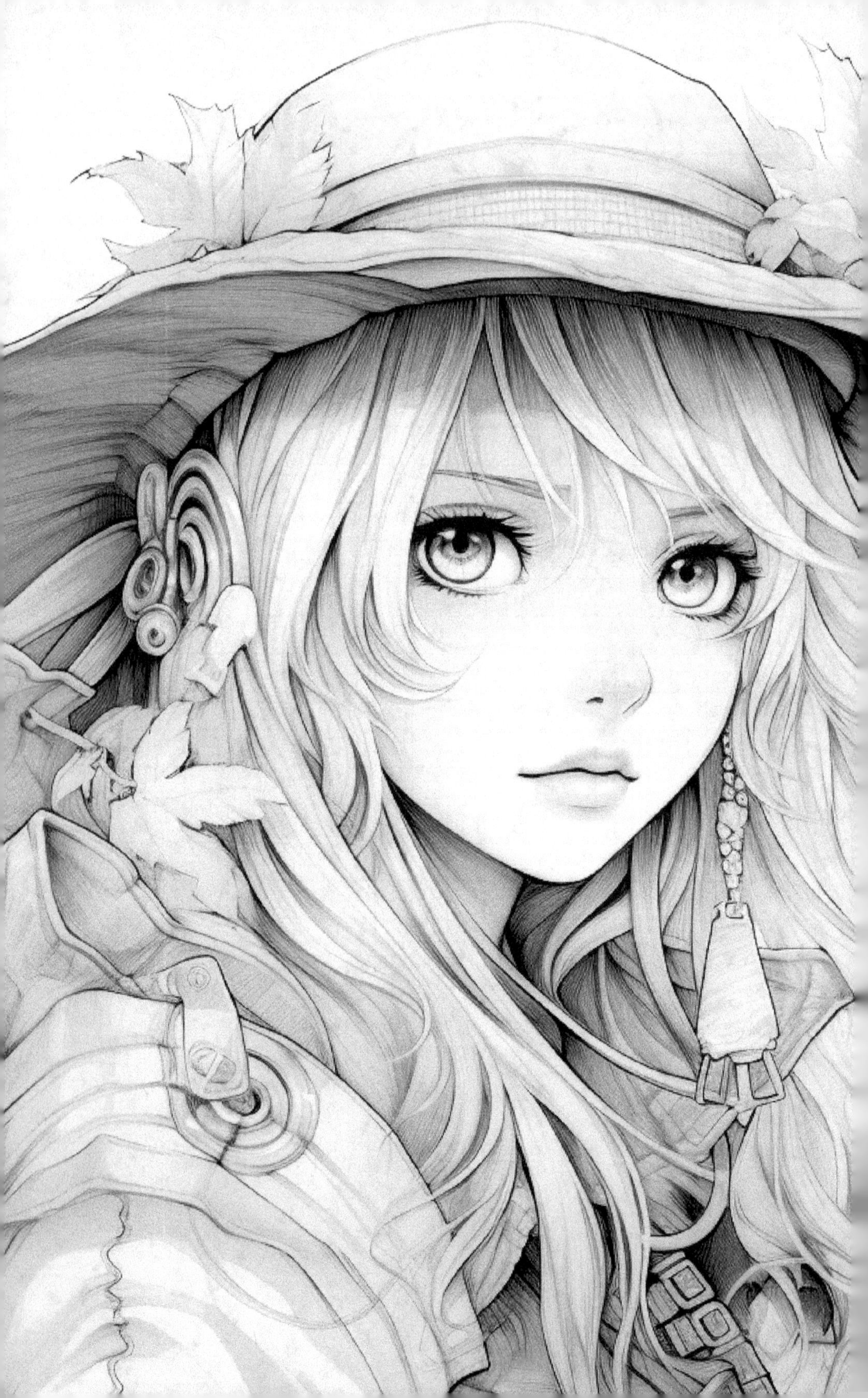

DEATH NOTE

R	K	F	W	P	R	M	I	I	Q	O	S	O	R	N	X	A	Z	D	W
B	T	R	D	D	Z	F	I	N	V	C	V	J	D	A	E	E	E	Y	P
Z	Q	X	M	Z	N	Y	L	S	S	O	I	C	H	I	R	O	Q	Q	L
R	L	S	M	R	Q	Z	O	G	A	B	X	J	E	T	M	F	U	F	P
O	M	J	K	T	B	L	J	E	G	D	G	S	Q	E	E	N	P	X	K
R	K	K	Q	Y	L	R	I	O	F	X	W	S	P	L	L	R	H	E	I
E	I	W	D	E	O	G	S	Q	C	O	T	O	U	T	A	F	U	N	J
M	G	Q	M	X	J	S	T	H	C	V	K	P	Y	W	A	T	A	R	I
F	Y	E	V	F	Q	T	U	Q	V	S	Z	N	I	V	Q	L	Q	R	U
I	B	L	V	E	H	Y	H	K	Z	J	V	D	I	M	U	T	K	R	F
C	W	L	L	G	A	K	U	K	E	T	R	S	I	B	S	I	Q	K	N
R	A	C	I	N	M	K	T	G	T	O	F	Y	H	S	R	K	N	T	A
O	A	L	L	Z	G	O	U	A	J	E	W	B	U	B	A	U	F	Y	O
S	Y	Y	X	Q	N	M	M	X	L	L	R	F	Y	K	H	L	N	V	M
H	I	F	E	E	H	T	K	L	X	Z	T	Q	T	B	C	O	P	R	I
U	K	I	Y	O	M	I	A	F	L	S	L	J	Z	A	H	P	H	Q	F
I	E	M	B	B	J	H	N	S	U	A	S	M	D	T	S	U	H	Q	X
C	G	F	H	X	L	K	H	T	M	Y	U	M	N	X	M	V	S	X	N
H	C	N	E	A	R	O	Y	V	X	U	K	A	D	A	H	J	D	N	M
I	R	D	T	C	U	K	A	S	T	U	E	I	P	O	A	U	I	X	U

- **Light**
- **Ryuk**
- **Misa**
- **Near**
- **Mello**
- **Soichiro**
- **Sayu**
- **Rem**
- **Teru**
- **Kiyomi**
- **Watari**
- **Shuichi**
- **Raye**
- **Naomi**
- **Matt**
- **Kyosuke**
- **Halle**
- **Anthony**
- **Touta**

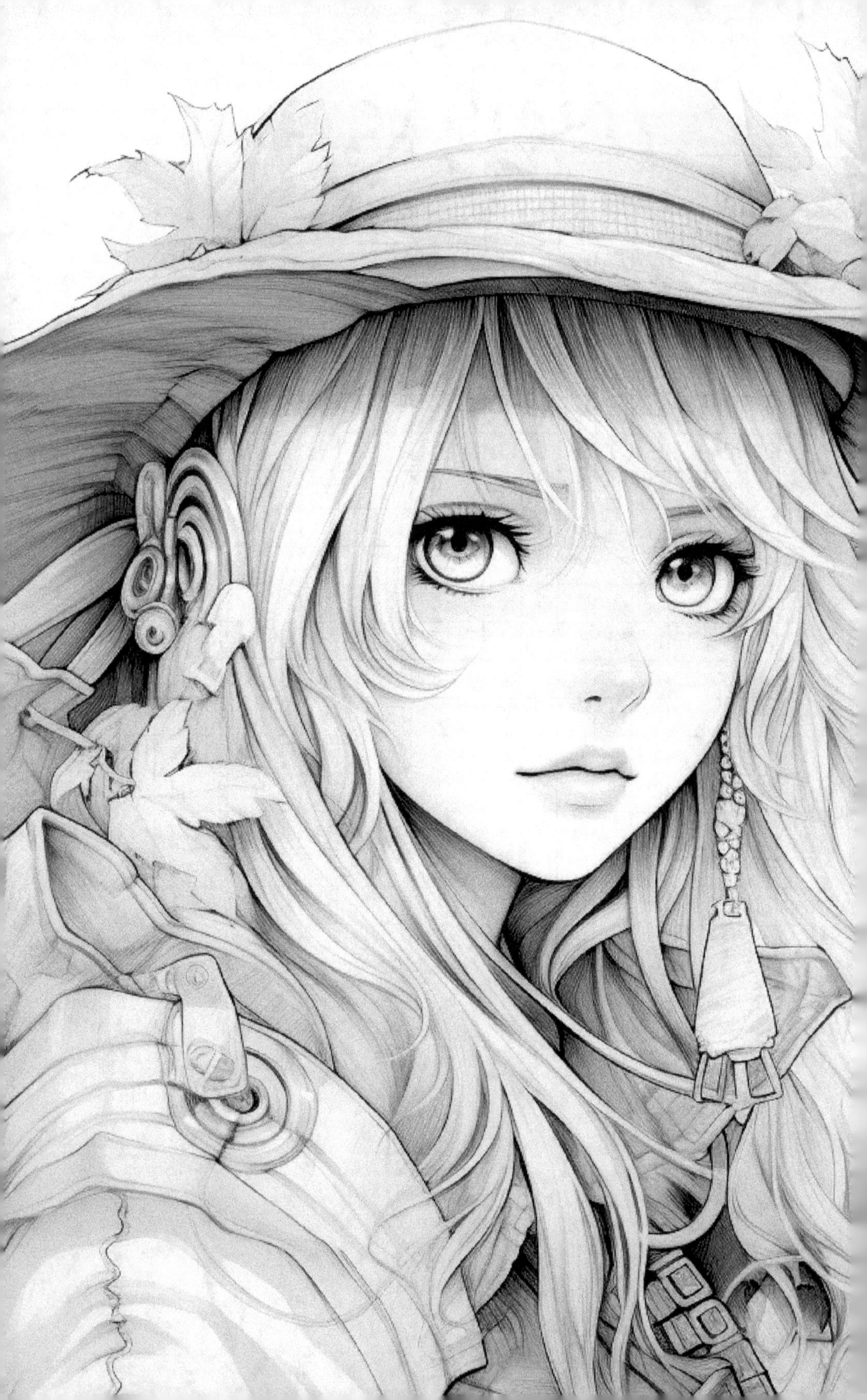

FULLMETAL ALCHEMIST

A	K	I	F	V	Z	E	X	E	S	F	S	R	U	W	L	S	X	F	Z
M	A	S	O	H	H	R	Q	N	V	M	B	I	N	E	B	S	I	G	S
D	N	L	U	F	O	O	K	V	A	W	S	Z	S	U	Y	L	L	K	O
T	K	O	Z	C	A	H	Q	Y	T	T	R	A	K	A	I	X	R	S	Q
W	N	T	K	O	D	I	E	F	C	A	K	C	M	Z	S	O	Z	W	J
I	B	H	R	L	I	N	G	N	Z	L	R	S	F	F	C	K	U	C	V
N	F	M	J	D	B	E	K	X	H	I	C	J	E	Q	K	P	A	B	Y
R	E	O	L	I	V	I	E	R	T	E	V	A	D	H	G	S	N	H	Z
Y	U	E	I	A	X	K	Z	F	E	Q	I	P	W	O	M	A	U	M	M
T	P	P	V	H	D	F	M	A	E	S	E	M	A	E	V	F	A	H	U
Y	G	R	W	C	K	F	O	H	E	Y	Q	F	R	K	K	L	J	S	Z
J	O	O	Q	C	M	S	R	Y	R	E	W	R	D	K	S	K	G	J	Y
S	K	K	G	X	F	L	K	A	R	E	C	T	V	G	R	E	E	D	S
V	N	A	Y	G	A	K	C	P	A	L	P	H	O	N	S	E	O	J	K
T	G	K	K	N	T	S	A	O	X	U	E	A	M	Q	H	P	C	Q	C
L	F	K	H	P	H	X	L	D	L	B	D	J	T	D	I	Z	U	M	I
A	W	U	J	I	E	Z	E	Q	Z	N	B	X	C	G	H	O	V	F	E
N	G	L	V	Q	R	R	X	P	I	N	A	K	O	H	J	E	C	U	V
D	Y	J	J	F	E	O	Q	I	F	D	I	H	Y	D	C	B	I	I	A
I	J	H	F	X	X	Y	X	Y	N	O	K	F	F	F	V	V	P	R	O

- **Edward**
- **Alphonse**
- **Roy**
- **Winry**
- **Riza**
- **Scar**
- **Hohenheim**
- **Ling**
- **Lan**
- **Greed**
- **May**
- **Olivier**
- **Alex**
- **Father**
- **Envy**
- **Sloth**
- **Pinako**
- **Maes**
- **Izumi**
- **Van**

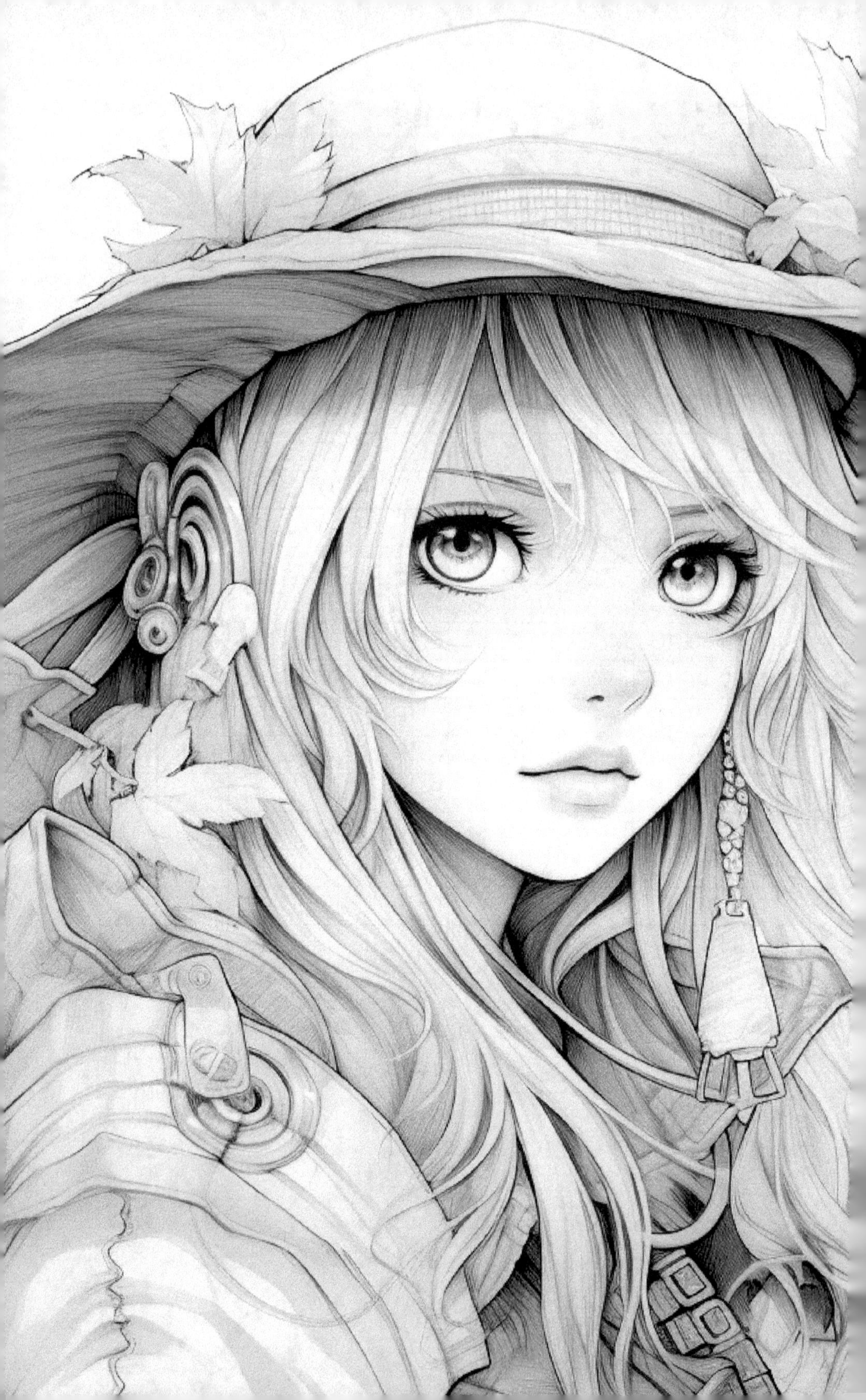

SWORD ART ONLINE

```
L H V Y R L M S G N D D O A L T X R A H
H G P G C I X K Q M M G C K U R E H A X
E Y R K U S C Z S N R J F T S Y J Z L W
A B E A G B I U J A N Y F Q E M G S C Y
T N M Y X E A F M E K V H T I B D H X U
H J I A S T G Y S C X G U F J W E H S U
C D E B O H I Z I T E L P S I Z K V I K
L N R A L F L P L Q O E I F R F M L D G
I G E N P A X X I R S A Y U O B K V W N
F O M K S I N O C J K F Q S U R L E Q N
F E Y B G I R K A S N A Q A A S E B M E
P P U R D T N U B T T U D X L O I P X V
X W I G T H D O U W N J L D T I N A Y M
S G A J E T V Y N O Y K P I K U C F H C
U U V R S O D J I F A V R U S D U E H Q
A U H B X X G Y U I D I Y A Y H K I R J
O P L O Q H J G I J K U Y U J Y D U U Q
T O Z Y F E X O S Q B T V Y Z O Q G D R
F R I R O Y S Z C O W F X D K Y O U J I
N U P D K Q J H N A S U N A R B P S M M
```

- Kirito
- Asuna
- Sinon
- Leafa
- Klein
- Agil
- Yui
- Heathcliff
- Lisbeth
- Silica
- Alice
- Eugeo
- Kayaba
- Seijirou
- Kyouji
- Nobuyuki
- Argo
- Kureha
- Yuuk
- Premiere

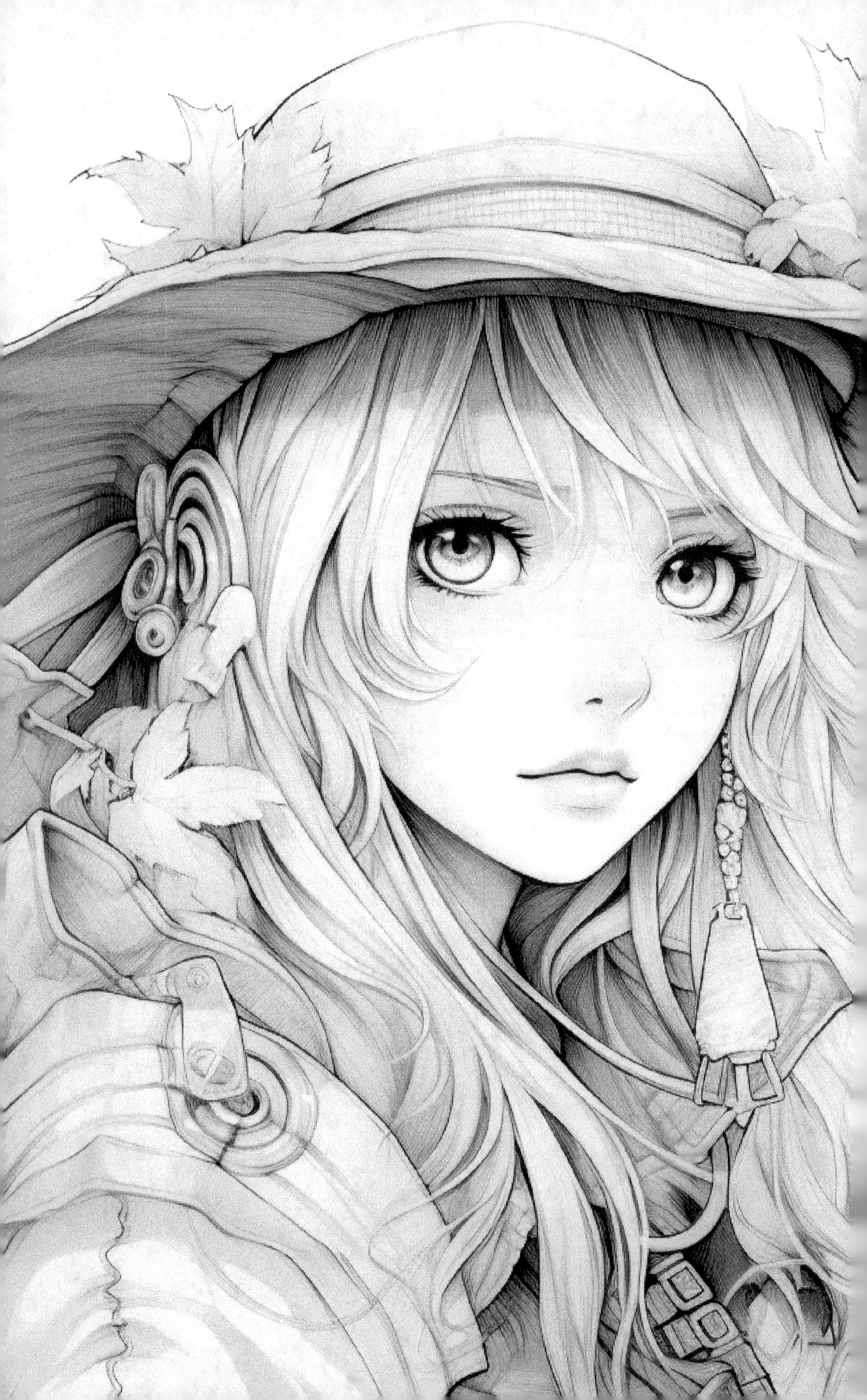

ONE PUNCH MAN

K	L	N	Z	R	Z	G	R	B	W	A	T	C	H	D	O	G	G	B	R
H	P	K	R	B	E	A	H	P	F	V	C	E	Q	W	E	V	E	Z	I
D	W	N	K	B	C	V	D	C	W	B	Z	T	B	G	C	O	N	S	M
E	W	N	I	A	E	O	V	F	F	C	P	A	I	I	J	U	O	V	L
R	T	X	N	U	G	T	N	I	V	Y	A	N	H	Z	I	N	S	Z	S
N	M	E	G	G	S	H	H	L	Z	M	E	K	I	R	H	Z	M	M	T
N	G	D	I	Q	O	J	A	R	A	Y	S	T	R	N	R	Z	B	G	W
W	W	P	S	C	X	T	U	T	E	W	E	O	S	C	N	O	T	A	D
R	O	P	D	M	E	N	I	V	V	I	E	P	O	U	S	M	A	R	E
X	L	I	W	M	O	A	I	M	A	U	Q	X	N	I	L	B	T	O	U
P	B	W	P	R	S	R	X	I	E	Q	M	W	I	V	B	I	S	U	U
F	D	A	S	I	D	W	B	D	R	V	R	O	C	X	I	E	U	S	B
T	N	T	N	F	D	D	J	X	R	G	R	H	L	O	O	M	M	K	O
N	V	T	G	G	X	R	V	A	C	C	I	N	E	C	S	A	A	H	B
G	H	C	U	F	B	T	K	P	Q	C	X	Z	D	O	P	N	K	Y	L
M	I	M	L	R	P	Q	P	U	D	K	D	A	R	C	O	M	I	D	R
U	G	S	Z	V	G	C	L	E	S	X	S	O	V	L	R	K	L	Y	X
M	I	X	L	Q	P	M	Q	S	Z	E	B	J	B	C	H	I	L	D	A
E	R	F	U	B	U	K	I	A	D	Y	N	F	T	K	Q	C	E	F	A
N	H	U	W	V	D	M	Z	S	C	F	G	O	O	S	B	Q	G	J	D

- **Saitama**
- **Genos**
- **Mumen**
- **Bang**
- **Fubuki**
- **Boros**
- **Sonic**
- **King**
- **Garou**
- **Tatsumaki**
- **Dr. Kuseno**
- **Vaccine**
- **Metal**
- **Drive**
- **Pig God**
- **Tanktop**
- **Child**
- **Zombieman**
- **Watchdog**

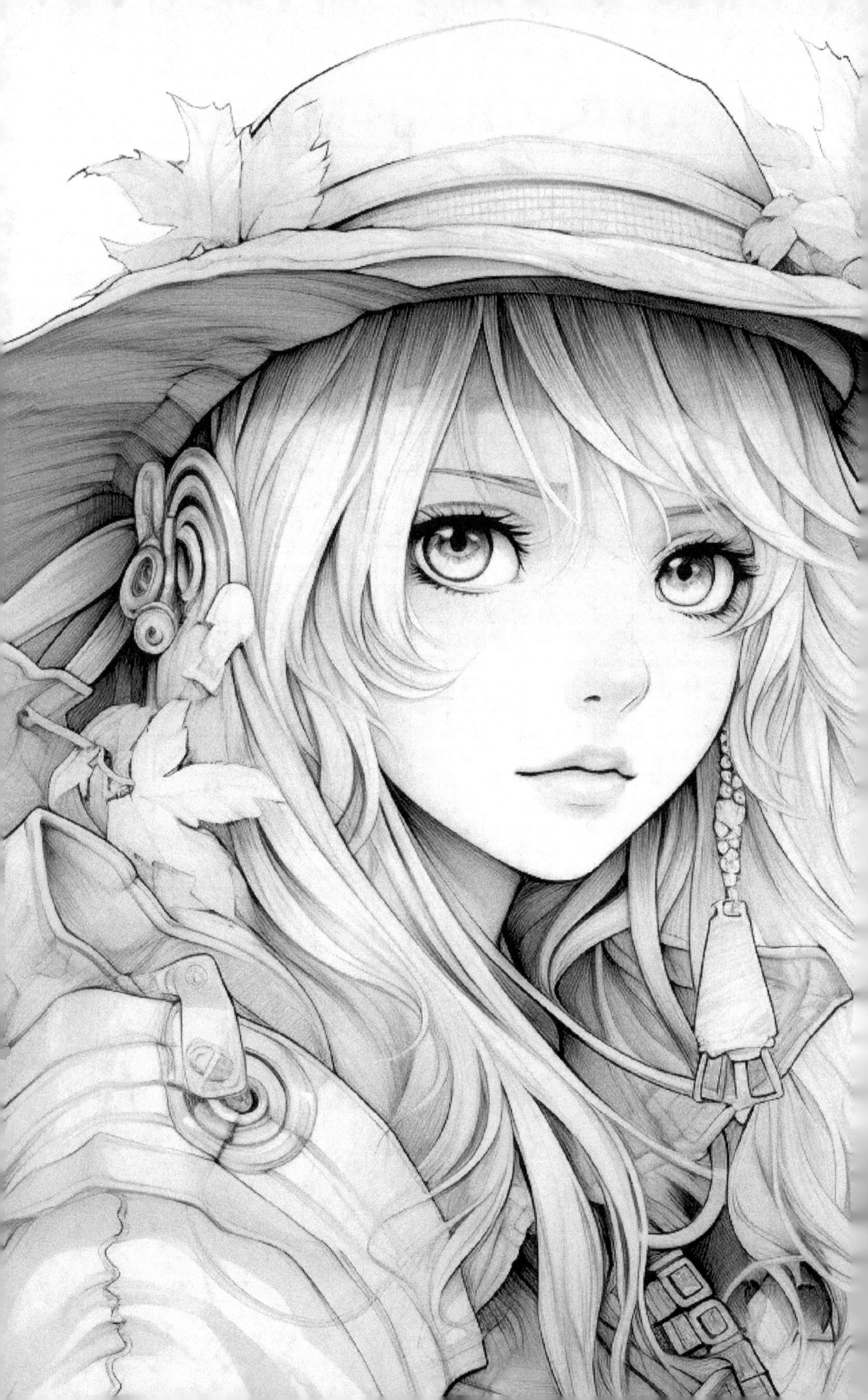

- Tanjiro
- Nezuko
- Zenitsu
- Inosuke
- Kanao
- Giyu
- Shinobu
- Kyojuro
- Mitsuri
- Tengen
- Muichiro
- Gyomei
- Sanemi
- Genya
- Aoi
- Sakonji
- Sabito
- Makomo
- Yushiro
- Tamayo

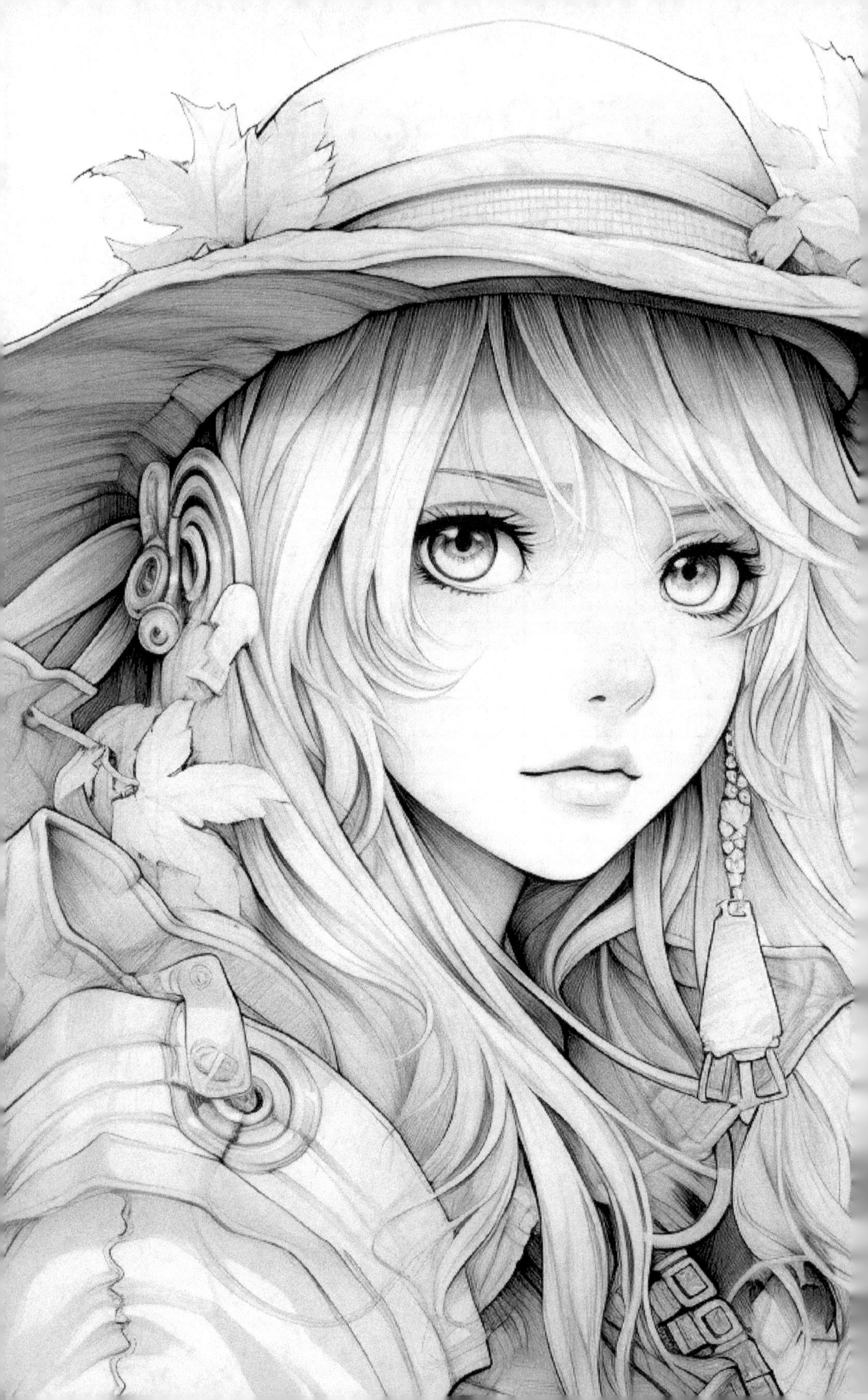

HUNTER X HUNTER

K	W	Q	B	X	Y	Z	O	R	X	H	Y	P	L	O	J	B	M	C	B
D	C	K	F	A	Q	I	S	W	P	X	I	P	O	R	J	I	U	K	G
E	T	X	F	L	R	Z	U	H	E	Z	N	S	M	Z	C	S	M	E	H
L	L	K	H	O	Z	V	J	G	O	T	L	A	O	I	K	C	A	N	D
E	F	K	E	Q	P	X	Q	D	H	O	G	G	N	K	E	U	X	N	L
K	H	L	F	Y	K	C	G	I	J	R	T	L	Z	Z	A	I	L	T	Z
A	L	L	U	K	A	Z	I	K	U	R	A	P	I	K	A	T	U	F	W
B	O	K	S	O	U	K	I	L	L	U	A	G	H	A	T	P	W	E	B
W	Y	O	N	Y	D	U	P	T	C	C	Y	I	C	P	G	Y	L	I	R
D	W	M	G	U	O	W	C	Q	J	H	V	N	P	Q	A	D	C	T	C
N	S	N	G	P	C	O	A	K	M	S	R	G	M	Q	F	L	J	A	O
S	X	Z	I	O	U	K	D	D	E	H	D	O	D	G	I	I	M	N	H
F	T	I	F	C	N	O	L	D	R	A	M	Q	L	Z	L	L	J	T	I
W	Q	S	J	V	B	E	H	E	U	I	K	S	K	L	J	L	N	U	N
Z	Z	Z	G	K	F	J	V	S	E	A	F	K	I	C	O	U	B	X	X
T	M	Q	P	L	G	M	L	T	M	P	L	G	T	D	X	M	I	Q	W
P	T	N	E	F	E	R	P	I	T	O	U	P	E	M	R	I	Z	E	Z
N	Z	B	Y	N	Z	T	A	G	J	U	R	F	T	X	J	H	M	N	G
V	D	B	K	O	M	U	G	I	L	F	M	B	I	U	J	M	L	G	T
I	R	B	L	E	R	A	Z	O	R	O	X	T	S	G	W	N	R	K	D

- **Gon**
- **Killua**
- **Kurapika**
- **Leorio**
- **Hisoka**
- **Illumi**
- **Chrollo**
- **Meruem**
- **Komugi**
- **Knuckle**
- **Shoot**
- **Kite**
- **Ging**
- **Biscuit**
- **Razor**
- **Palm**
- **Feitan**
- **Shaiapouf**
- **Neferpitou**
- **Alluka**

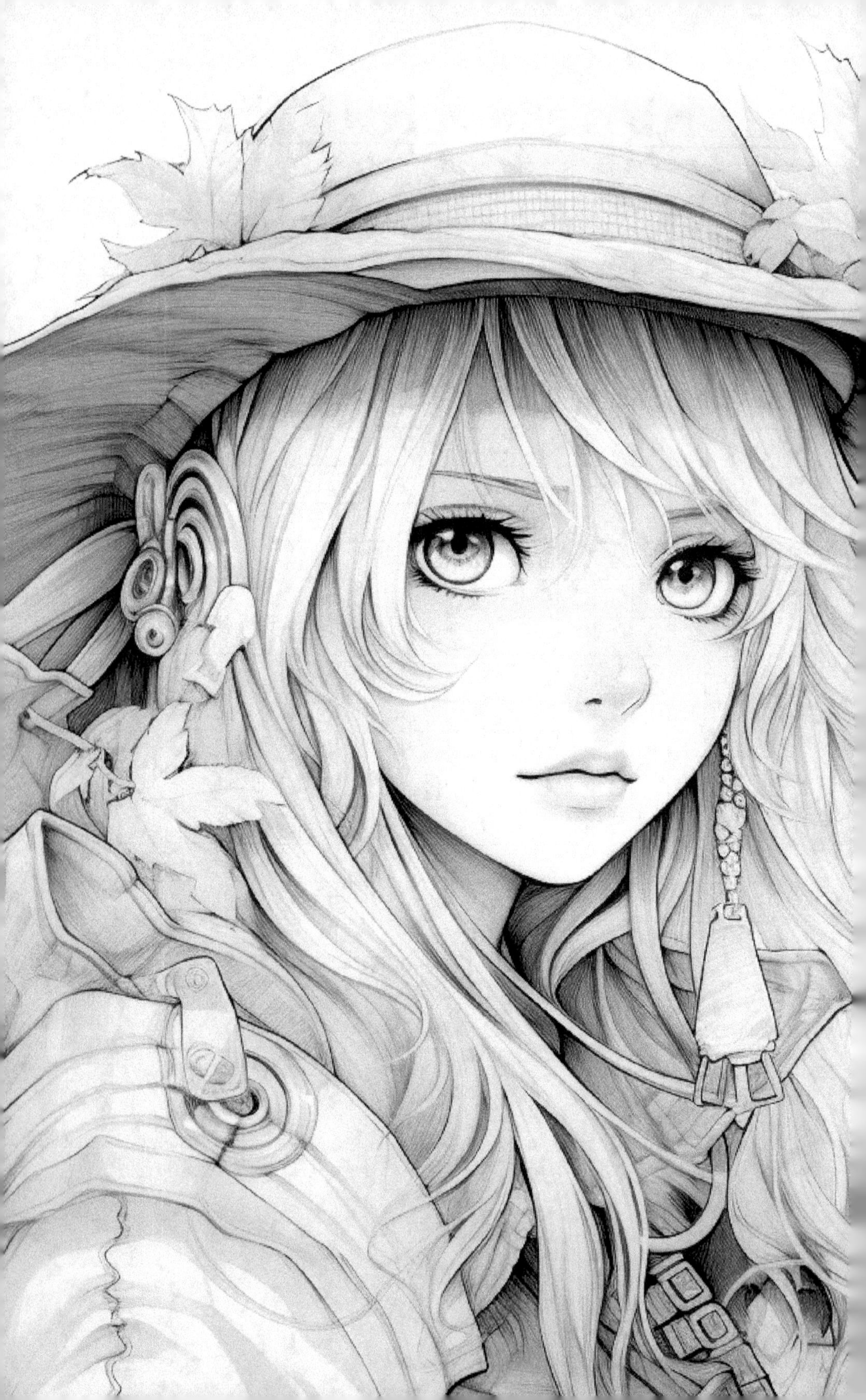

TOKYO GHOUL

- Kaneki
- Touka
- Hideyoshi
- Kishou
- Akira
- Nishiki
- Shuu
- Juuzou
- Hinami
- Rize
- Ayato
- Yoshimura
- Eto
- Renji
- Kuzen
- Uta
- Itori
- Amon
- Seidou
- Kuki

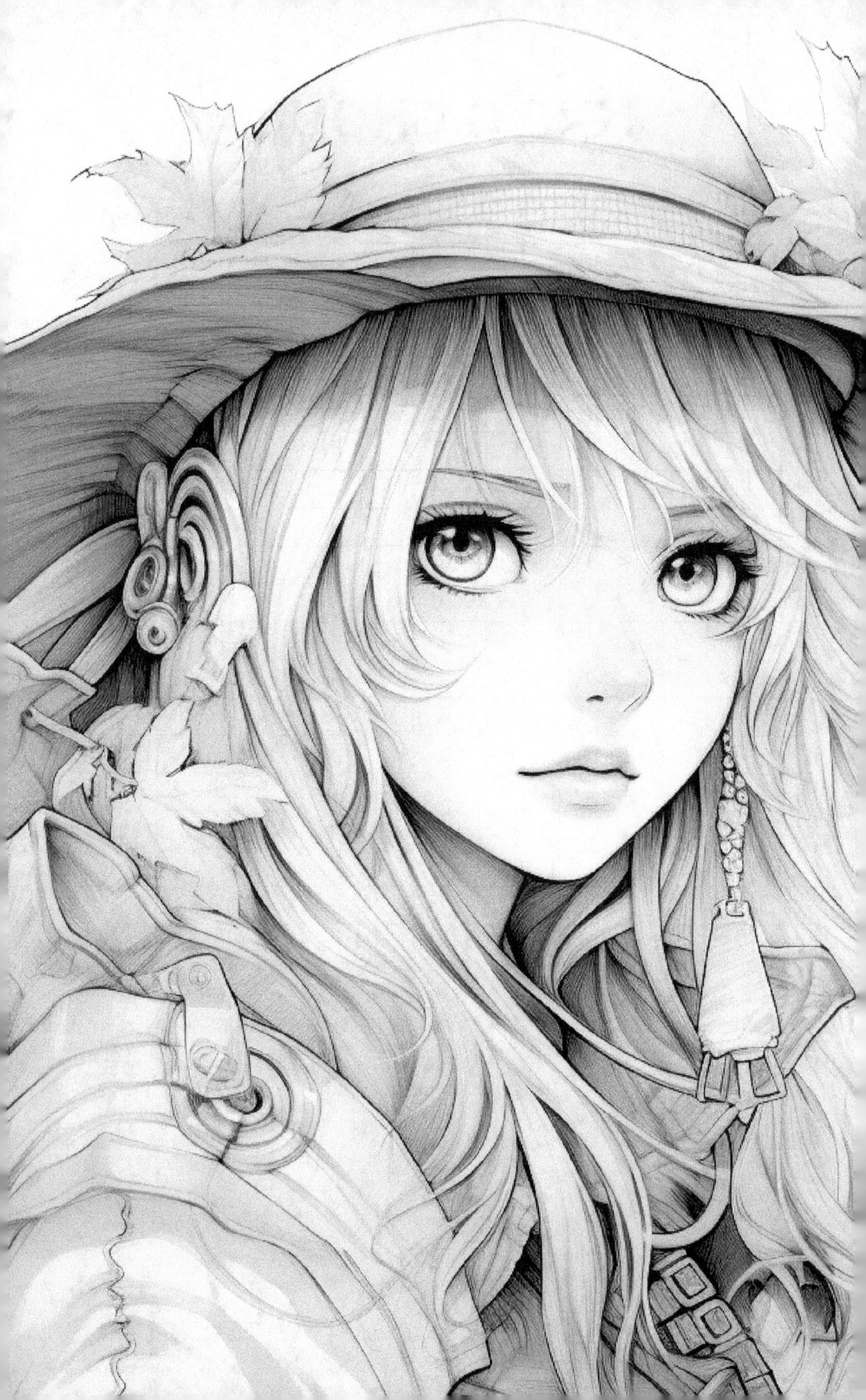

COWBOY BEBOP

E	L	L	L	W	B	P	R	D	V	W	H	I	T	N	E	Y	I	T	F
S	R	F	R	U	D	N	B	M	K	L	V	E	H	E	Z	X	O	O	Z
H	P	P	I	W	V	K	B	O	K	K	J	G	Z	O	M	R	F	Q	D
D	R	O	C	C	O	B	C	Z	V	M	O	T	Z	Q	R	E	R	C	R
D	E	N	S	P	K	V	K	H	T	P	C	Q	F	E	L	X	I	B	O
V	U	M	X	I	T	D	T	D	V	T	W	X	I	I	T	D	U	A	J
T	A	Q	F	I	T	U	J	K	T	V	I	P	H	C	I	N	D	C	U
G	X	N	R	F	A	Y	E	H	F	Z	M	Q	R	J	I	P	O	W	D
S	U	X	N	B	Q	G	R	E	N	X	O	L	I	L	U	W	N	A	Y
S	O	E	D	I	Y	A	V	H	K	V	T	K	M	A	O	L	E	T	U
B	V	L	N	U	E	U	I	D	P	Q	E	G	M	R	Z	X	I	N	H
Q	E	U	S	T	T	W	C	Z	T	H	Z	E	F	W	V	D	D	A	X
S	C	P	D	C	U	H	I	T	W	W	M	B	G	A	J	D	E	O	Q
A	B	H	Z	M	U	N	O	U	Y	J	U	I	C	I	U	G	V	R	N
C	A	K	Z	X	Z	N	U	P	R	A	Y	U	B	R	H	N	C	V	K
D	D	I	O	N	Z	I	S	U	J	C	O	J	T	L	U	O	M	R	M
Q	P	B	I	K	Z	Z	D	N	N	V	E	I	D	A	P	S	H	I	N
F	Y	E	W	S	M	A	D	C	O	D	O	M	I	N	O	F	N	A	C
Q	V	L	D	X	O	E	G	H	P	A	V	W	N	U	Z	D	D	F	B
D	E	B	Z	N	T	N	N	X	V	S	P	I	K	E	Y	L	Y	P	N

- **Spike**
- **Jet**
- **Faye**
- **Ed**
- **Ein**
- **Vicious**
- **Julia**
- **Gren**
- **Pierrot**
- **Annie**
- **Shin**
- **Rocco**
- **Mao**
- **Lin**
- **Mad**
- **Wen**
- **Punch**
- **Judy**
- **Domino**
- **Whitney**

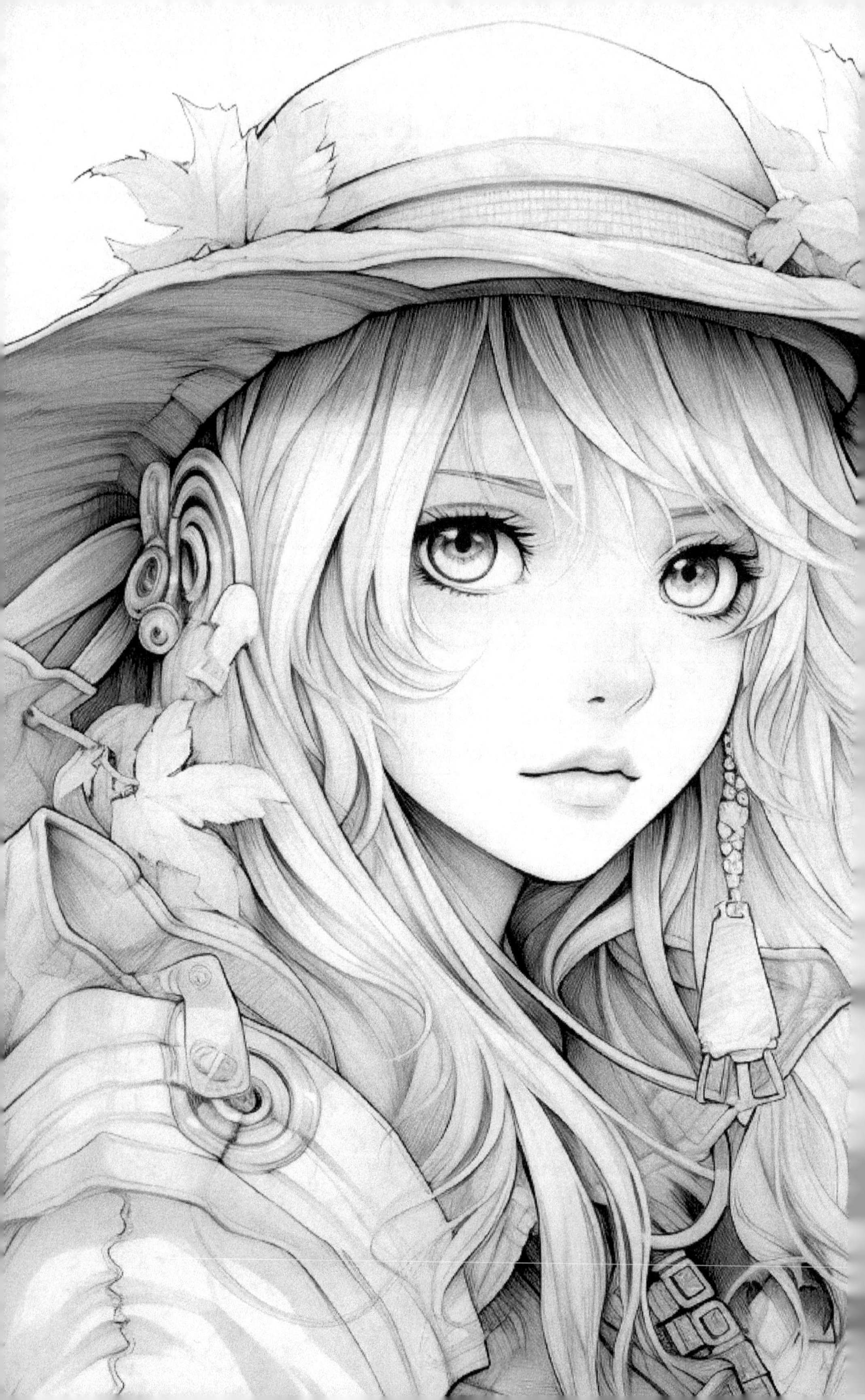

NEON GENESIS EVANGELION

N	K	U	D	R	I	T	S	U	K	O	X	A	E	M	T	K	K	O	W
E	S	U	Q	C	W	F	Y	F	Q	D	S	O	C	Q	D	X	K	C	S
S	Y	V	M	Y	K	E	K	H	Y	K	H	O	P	O	W	O	Q	S	P
U	T	Y	K	R	B	S	F	I	E	A	I	Z	X	H	Y	G	B	H	X
H	K	B	U	R	L	B	R	K	T	J	N	S	J	K	M	R	X	Q	I
Q	U	N	V	I	M	A	Y	A	M	I	J	V	H	J	N	K	Q	A	S
R	N	B	D	Y	J	R	R	I	E	I	V	Y	I	G	O	D	Z	A
F	J	U	P	V	J	D	U	I	K	O	L	N	U	Z	G	R	K	R	T
K	M	D	S	F	M	N	I	G	Y	A	M	Y	O	O	Y	E	E	S	K
M	A	E	H	F	A	C	V	E	Y	I	N	U	F	E	N	E	R	I	M
K	K	H	N	E	R	Z	H	U	R	B	O	R	V	X	E	F	W	U	I
Q	O	T	K	C	I	I	V	U	D	L	Q	O	Z	T	X	A	T	O	S
A	T	T	M	E	H	O	R	H	A	T	G	E	N	D	O	T	O	C	A
R	O	M	F	R	E	O	A	S	U	K	A	K	Z	H	U	D	J	R	T
D	M	B	F	J	W	L	H	V	K	E	N	S	U	K	E	W	I	P	O
Z	N	X	R	A	N	N	Y	J	P	P	N	X	V	X	A	Z	Q	J	X
T	F	P	K	O	S	Z	U	J	K	E	O	R	G	Y	G	L	E	E	T
P	T	U	Z	S	D	M	P	R	P	E	F	V	G	M	C	P	A	J	C
Q	Z	O	H	O	D	I	C	Z	G	D	R	I	L	Q	S	G	K	X	O
E	K	Q	T	Z	A	U	O	N	D	B	P	R	Y	W	J	O	E	L	B

- Shinji
- Rei
- Asuka
- Misato
- Gendo
- Kaworu
- Ritsuko
- Toji
- Kensuke
- Mari
- Yui
- Kozo
- Maya
- Hikari
- Pen
- Keel
- Shigeru
- Makoto
- Kyoko
- Kaji

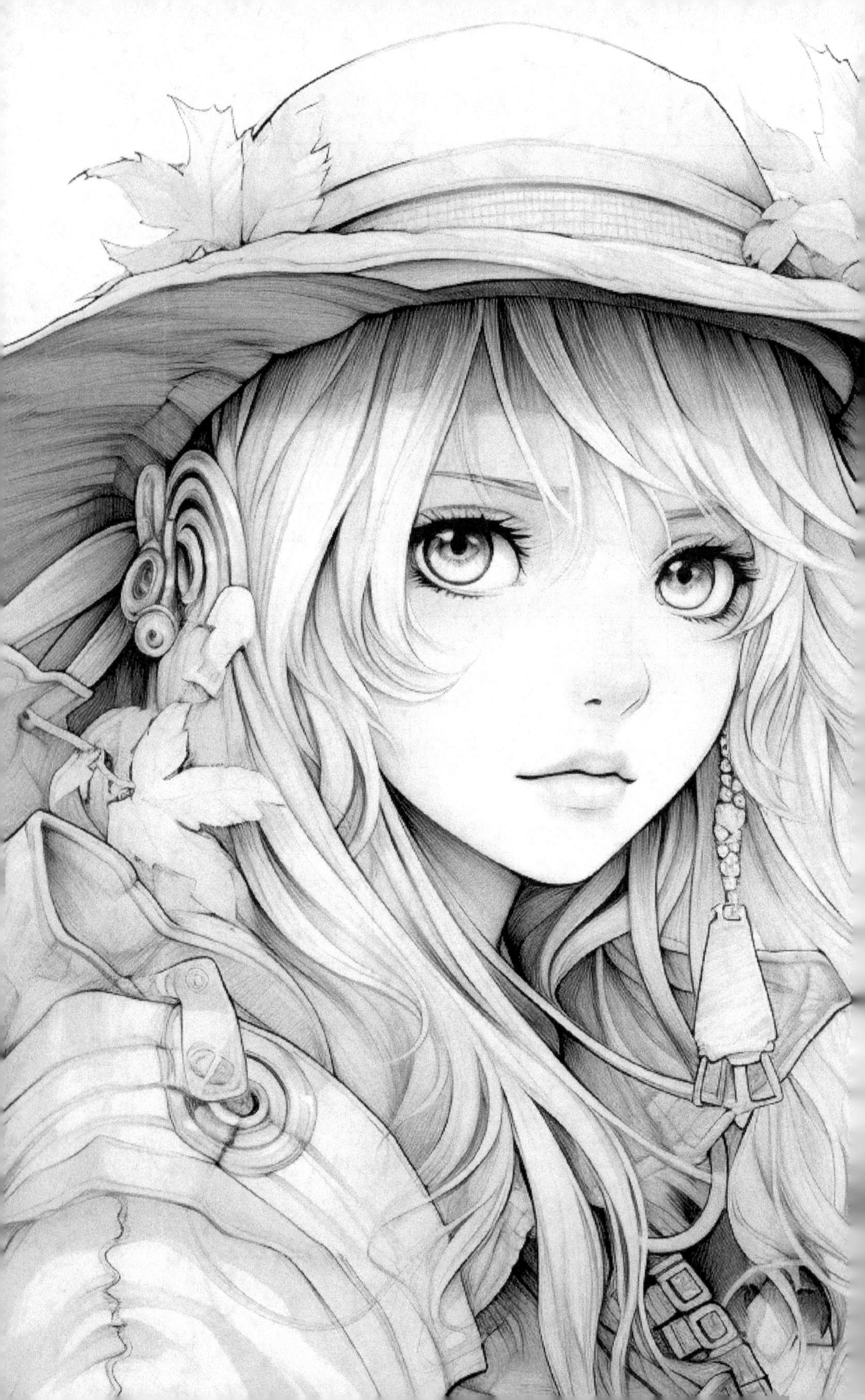

CODE GEASS

N	I	J	Z	R	J	R	D	N	H	J	R	Y	O	X	L	A	W	H	D
I	K	E	N	G	Z	S	C	H	N	E	I	Z	E	L	Y	H	N	M	T
N	C	R	H	A	B	K	E	D	J	K	Z	Z	Q	N	M	K	K	B	A
A	J	E	P	S	K	P	S	I	E	C	X	F	A	A	K	V	J	I	V
A	L	M	F	P	P	V	N	E	G	S	U	Z	A	K	U	Z	M	M	R
P	D	I	Y	L	G	V	S	T	A	M	W	K	O	D	W	E	B	X	A
N	F	A	C	V	J	M	U	H	N	B	D	D	Y	E	H	G	V	U	K
U	G	H	V	J	S	I	Y	A	A	P	Y	G	Q	P	Q	K	I	S
N	J	K	M	L	M	L	I	R	J	O	O	R	U	Q	L	K	Q	Y	H
N	R	A	B	C	V	L	N	D	L	C	O	E	W	F	F	B	E	A	A
A	V	L	F	W	L	Y	R	L	O	L	L	A	J	E	O	L	R	M	T
L	W	L	X	H	L	C	P	K	Z	C	G	Y	N	K	R	D	O	V	A
L	L	E	E	D	L	E	C	L	Q	C	M	C	A	I	C	Z	Y	P	I
Y	X	N	C	N	D	A	L	O	F	R	P	C	H	Q	Q	A	S	Y	Y
Y	G	K	L	X	Q	P	E	O	R	A	D	S	G	W	T	K	E	C	N
K	B	N	O	Y	A	Z	H	D	U	N	I	D	V	C	N	V	K	X	E
O	D	U	V	S	C	H	Z	D	X	C	E	V	I	L	L	E	T	T	A
K	X	D	I	M	G	K	M	A	C	F	H	L	Z	F	A	X	Y	Z	G
O	M	T	S	C	M	H	A	V	Y	P	W	B	I	R	O	L	O	H	V
I	T	N	V	D	P	K	O	Z	W	X	K	C	K	A	P	L	S	D	Q

- Lelouch
- Suzaku
- Kallen
- Nunnally
- Jeremiah
- Euphemia
- Cornelia
- Schneizel
- Clovis
- Milly
- Lloyd
- Rolo
- Shirley
- Nina
- Diethard
- Rakshata
- Villetta
- Anya
- Mao

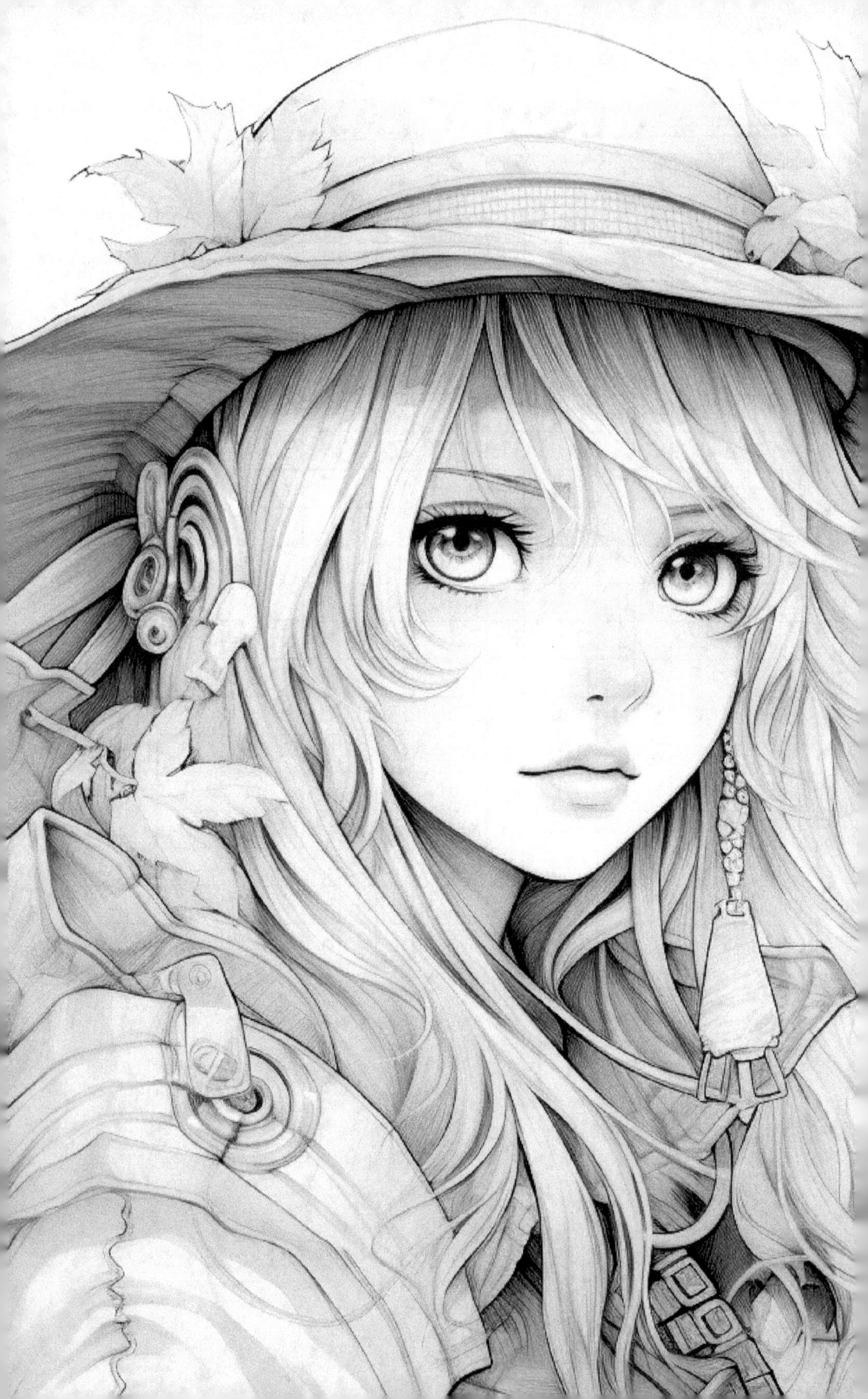

STEINS GATE

L	E	F	A	R	I	S	R	O	H	N	G	A	T	K	N	S	E	M	Z
A	K	D	A	Y	G	K	E	R	Z	S	T	V	B	F	A	P	O	M	A
U	K	M	A	Y	U	R	I	W	T	H	L	V	G	C	P	G	N	M	V
Z	F	I	M	D	A	B	Z	B	B	S	H	B	D	U	U	U	A	U	F
Y	U	M	H	H	L	A	L	H	M	X	H	T	S	Y	A	Z	H	R	T
V	R	X	U	A	I	S	R	U	G	Q	M	T	C	R	R	D	N	T	I
T	T	Z	S	Y	E	M	F	W	M	Q	E	A	B	L	I	K	S	T	O
V	U	H	G	Y	C	U	Z	L	K	F	L	C	H	L	N	S	E	S	J
S	X	X	E	O	S	E	P	V	F	T	K	H	F	O	T	M	M	Y	Z
B	R	R	U	M	M	V	B	T	U	A	H	J	N	N	A	K	U	E	T
H	Y	V	O	N	O	E	A	J	G	L	M	A	K	I	R	Y	U	U	E
I	J	S	G	A	X	E	S	N	D	E	K	A	J	G	O	N	V	D	N
U	L	V	K	B	H	V	K	Y	F	X	Z	H	R	E	U	X	L	V	N
A	I	U	O	Z	U	S	J	A	C	I	U	B	A	R	L	V	A	G	O
K	L	D	Y	S	H	T	J	K	O	S	N	N	A	E	E	E	K	D	U
S	Z	F	V	B	I	J	S	U	I	G	S	T	C	T	S	K	K	G	J
S	U	Z	U	H	A	H	O	R	O	C	I	B	O	K	E	B	L	L	I
U	J	U	Q	I	F	J	U	B	G	Z	Y	Y	B	L	D	L	P	Q	Q
R	E	D	Y	X	P	K	V	B	Q	Y	U	K	I	K	V	Q	Z	X	X
X	K	L	C	U	N	I	I	D	G	I	Q	N	Q	Y	C	U	O	L	T

- Rintarou
- Kurisu
- Mayuri
- Itaru
- Suzuha
- Moeka
- Faris
- Luka
- Nae
- Alexis
- Maho
- Yuki
- Kagari
- Braun
- MAkiha
- Tennouji
- Kiryuu
- Suzuha
- Yugo
- Reyes

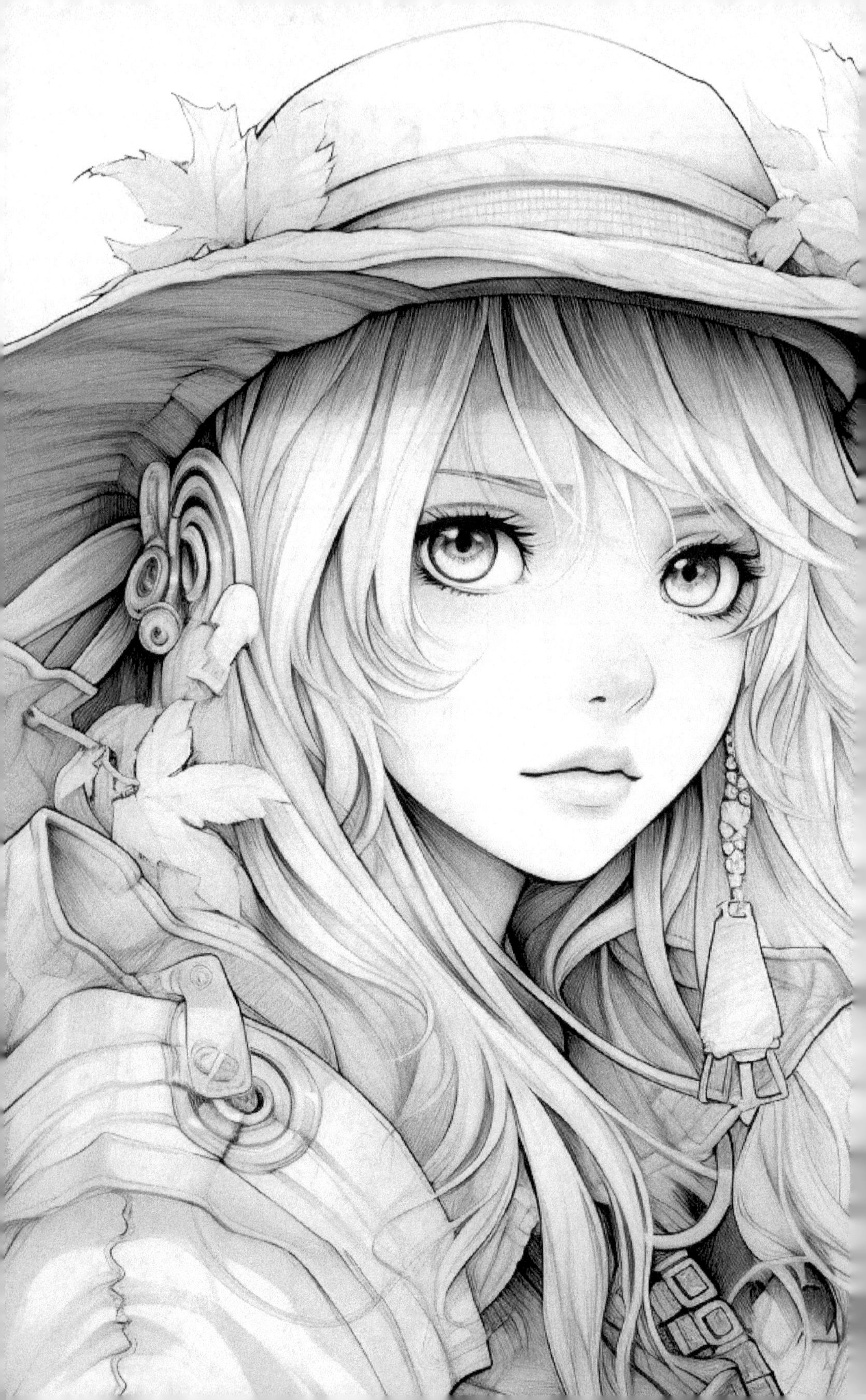

FAIRY TAIL

```
U I X I M P J N X U K E I J E L L A L J
D N W Z K M A F Q Q Q C P B M M A X B S
M N N A T S U L I S A N N A L S R W U G
I Z E M I R A J A N E K E I Q J T X J T
L G N W U A T O R H R J A I B K A I T N
C V V S L R O G U E V Z T B L L M D N V
L I A R S F H A G N A H T Y E T K F X G
I R A C L Z L U N L O N B P V H U V H X
T C F Z Q U Q E A A E G M Y F V C X Z
L T V T V T C E W E R Z A A N M R E S G
L Z S F Z V J Y F N K O G N Q B U E E I
R L Q C E A N Y B L E W F M E E L C E U
P F N H G B I C K S L O W W H L S L A D
E P F Y F R B W F U T B H E H F L U D N
Q I A I Y K V K W M P R A A V M E Y Q D
J R J W G W E N D Y M U P I G A J S A Q
G I T T E I Q J D C U U P V I N I F M E
F Z P D N D C L H G E N Y V Z C A N A R
B D K F D W Y V M N O M U A P P B X H I
D B J C W C E Q I X B J M W E K S Q K D
```

- **Natsu**
- **Lucy**
- **Gray**
- **Erza**
- **Happy**
- **Wendy**
- **Carla**

- **Gajeel**
- **Juvia**
- **Laxus**
- **Mirajane**
- **Elfman**
- **Levy**
- **Cana**

- **Freed**
- **Bickslow**
- **Lisanna**
- **Sting**
- **Rogue**
- **Jellal**

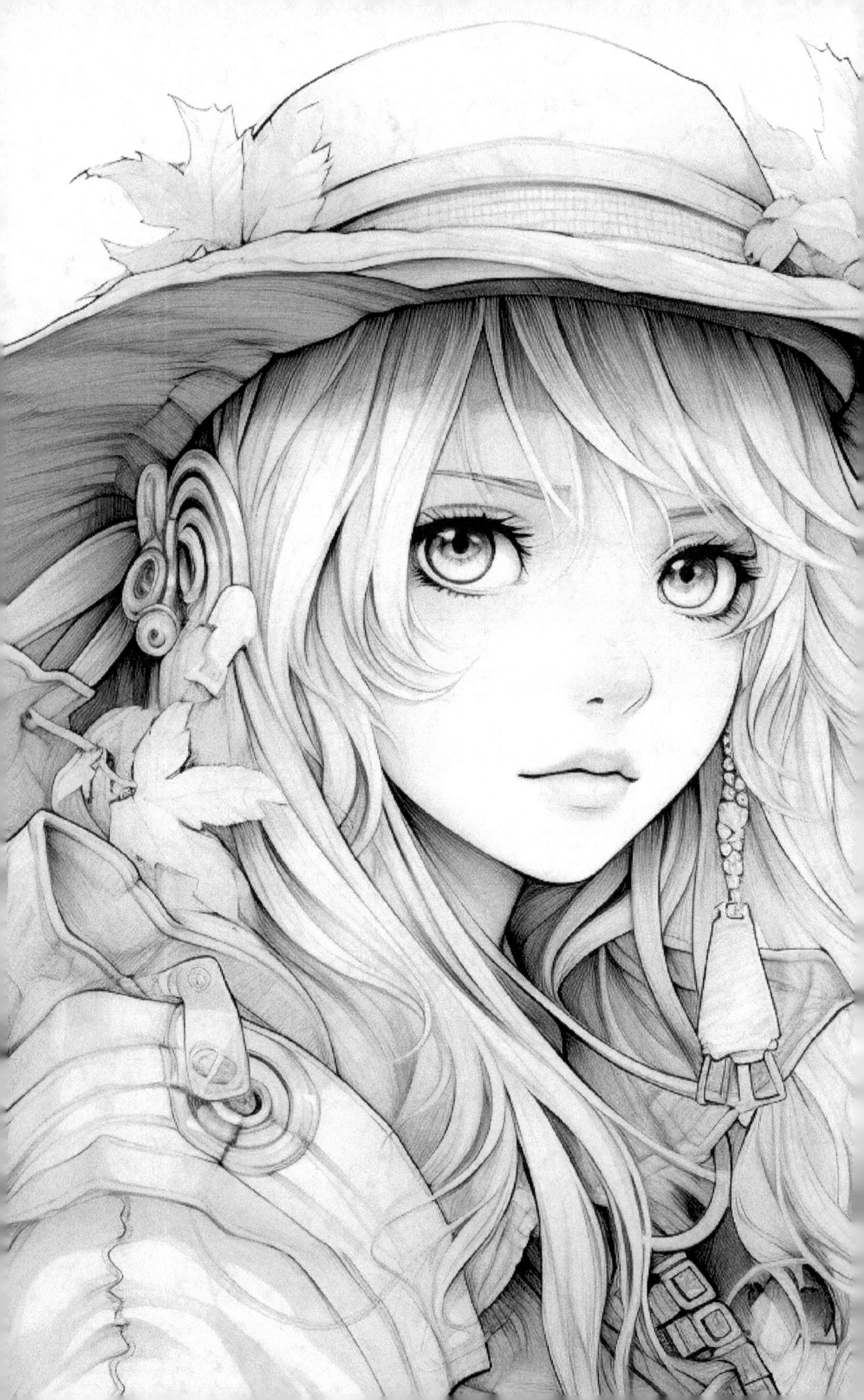

BLEACH

T	S	T	R	D	H	Z	U	F	N	A	O	A	A	W	H	V	G	M	N
D	O	G	T	K	B	U	S	L	C	K	A	A	M	T	T	K	M	D	J
E	S	T	G	G	K	G	K	B	Q	I	Y	B	P	J	T	G	O	J	M
W	U	D	S	E	R	A	B	J	R	U	S	X	K	F	O	F	B	H	A
V	K	P	O	T	X	I	Q	N	K	F	I	S	C	X	W	R	I	L	Y
K	E	Z	W	W	K	Q	M	A	P	Q	B	O	H	G	L	C	A	M	U
V	W	F	R	E	E	A	Y	M	U	R	Y	U	R	I	U	U	T	E	R
M	Q	T	J	Y	N	B	P	G	J	E	J	A	G	R	N	M	L	I	I
R	Y	O	L	R	P	K	U	J	D	O	R	X	E	R	A	J	X	G	R
Q	A	O	Q	R	A	I	Y	U	J	G	W	X	F	R	L	A	H	S	A
G	S	J	L	W	C	S	A	Z	T	O	S	H	I	R	O	P	P	D	A
J	U	B	V	S	H	U	C	P	S	P	I	C	H	I	G	O	S	A	M
S	T	M	P	U	I	K	H	Q	Z	L	R	F	Z	J	J	V	Y	W	X
I	O	X	A	G	B	E	I	B	K	Q	H	T	O	N	I	N	C	S	Z
O	R	I	H	I	M	E	R	R	A	N	G	I	K	U	L	U	A	O	Q
O	A	U	X	O	Y	J	U	E	R	A	F	X	W	E	R	J	R	S	T
K	Q	B	Z	M	Y	O	R	U	I	C	H	I	I	X	K	X	J	R	W
Q	J	B	N	X	I	H	T	C	C	S	D	L	S	G	R	U	K	I	A
Z	H	I	R	E	N	J	I	N	Q	R	E	R	E	L	Z	G	J	J	N
R	G	B	X	M	R	P	R	H	A	N	R	E	Z	O	J	P	O	P	A

- Ichigo
- Rukia
- Renji
- Orihime
- Uryu
- Yasutora
- Kisuke
- Yoruichi
- Byakuya
- Toshiro
- Kenpachi
- Rangiku
- Mayuri
- Sosuke
- Gin
- Ulquiorra
- Grimmjow
- Neliel
- Isshin
- Yachiru

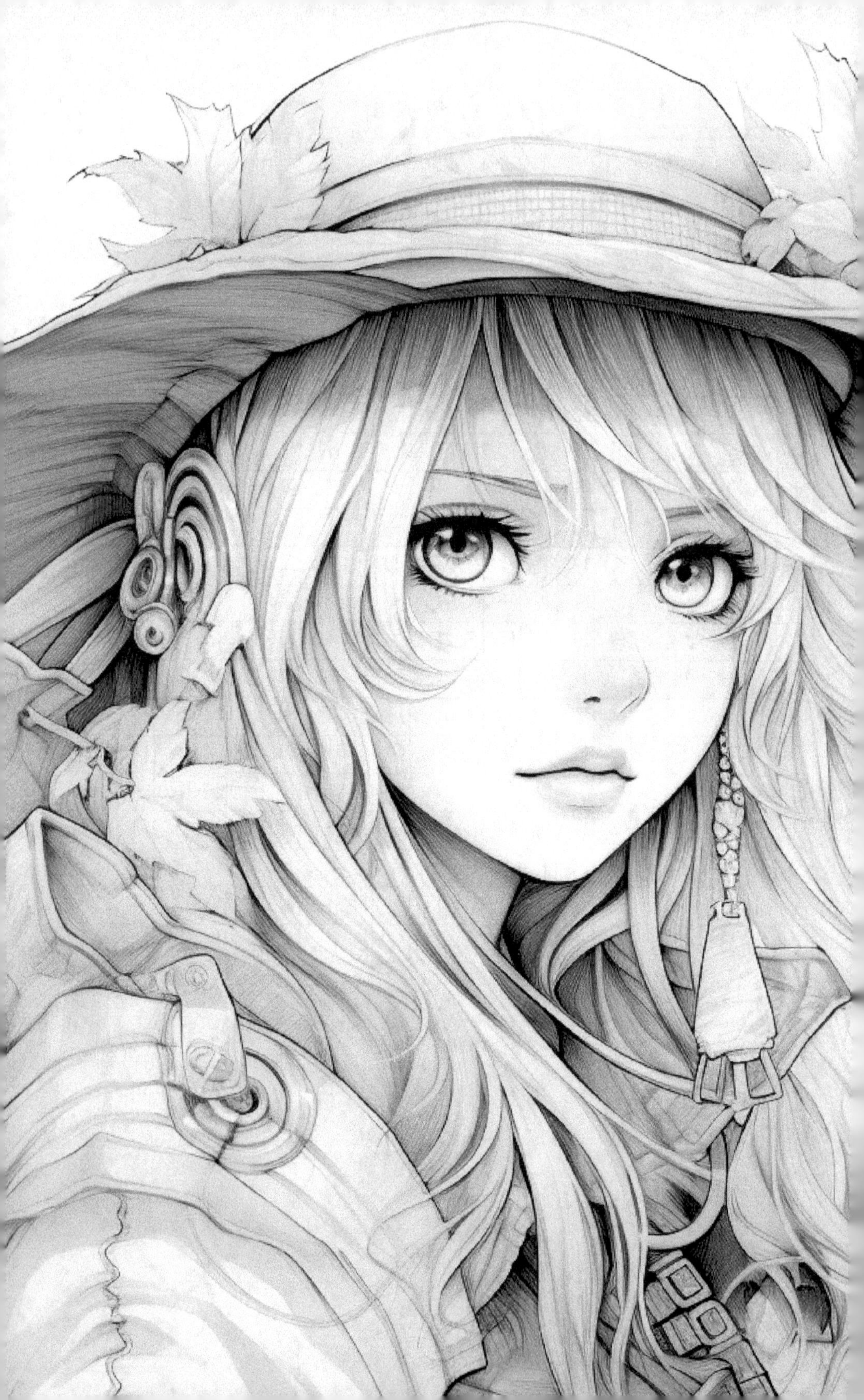

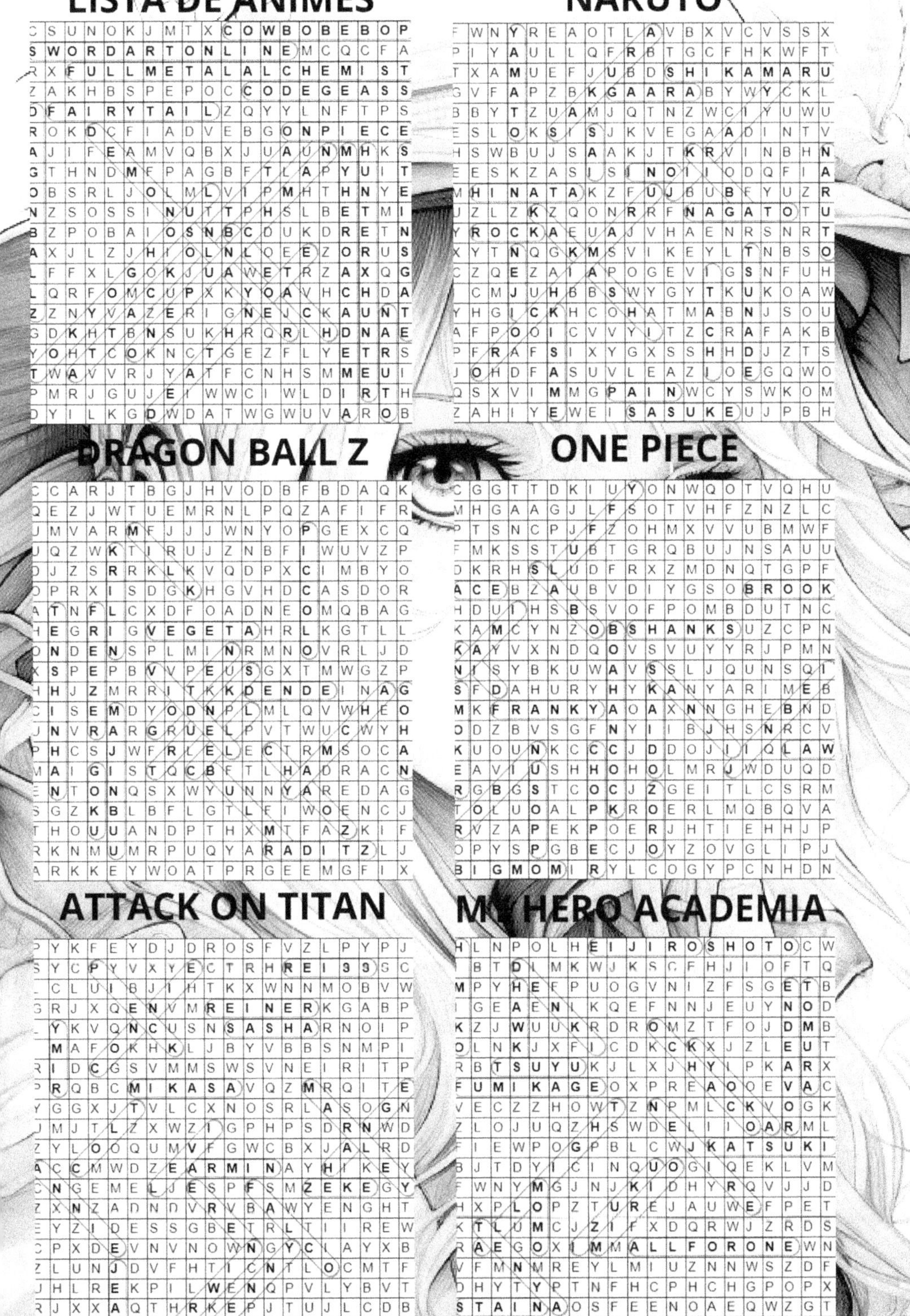

LISTA DE ANIMES
NARUTO
DRAGON BALL Z
ONE PIECE
ATTACK ON TITAN
MY HERO ACADEMIA

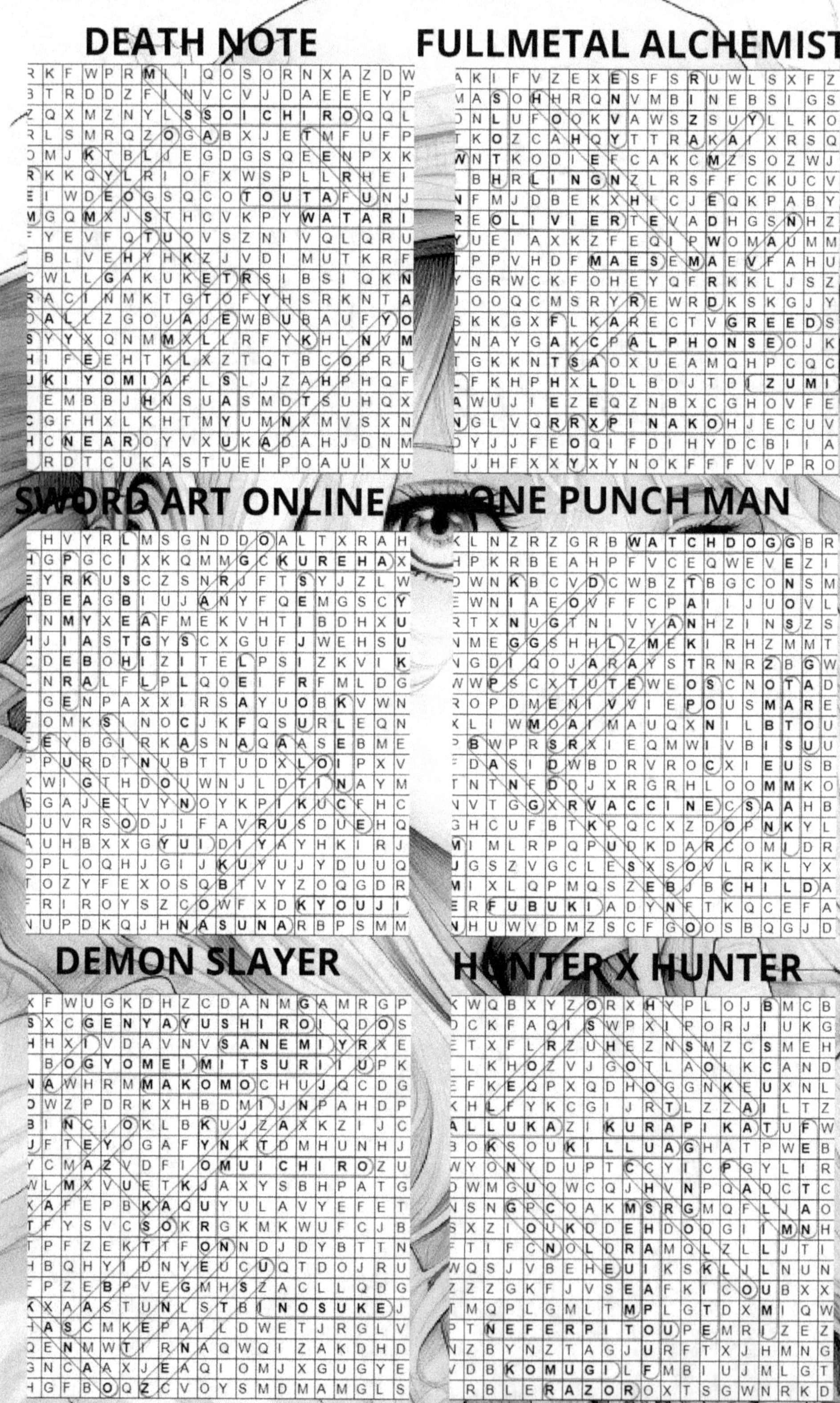

DEATH NOTE
FULLMETAL ALCHEMIST
SWORD ART ONLINE
ONE PUNCH MAN
DEMON SLAYER
HUNTER X HUNTER

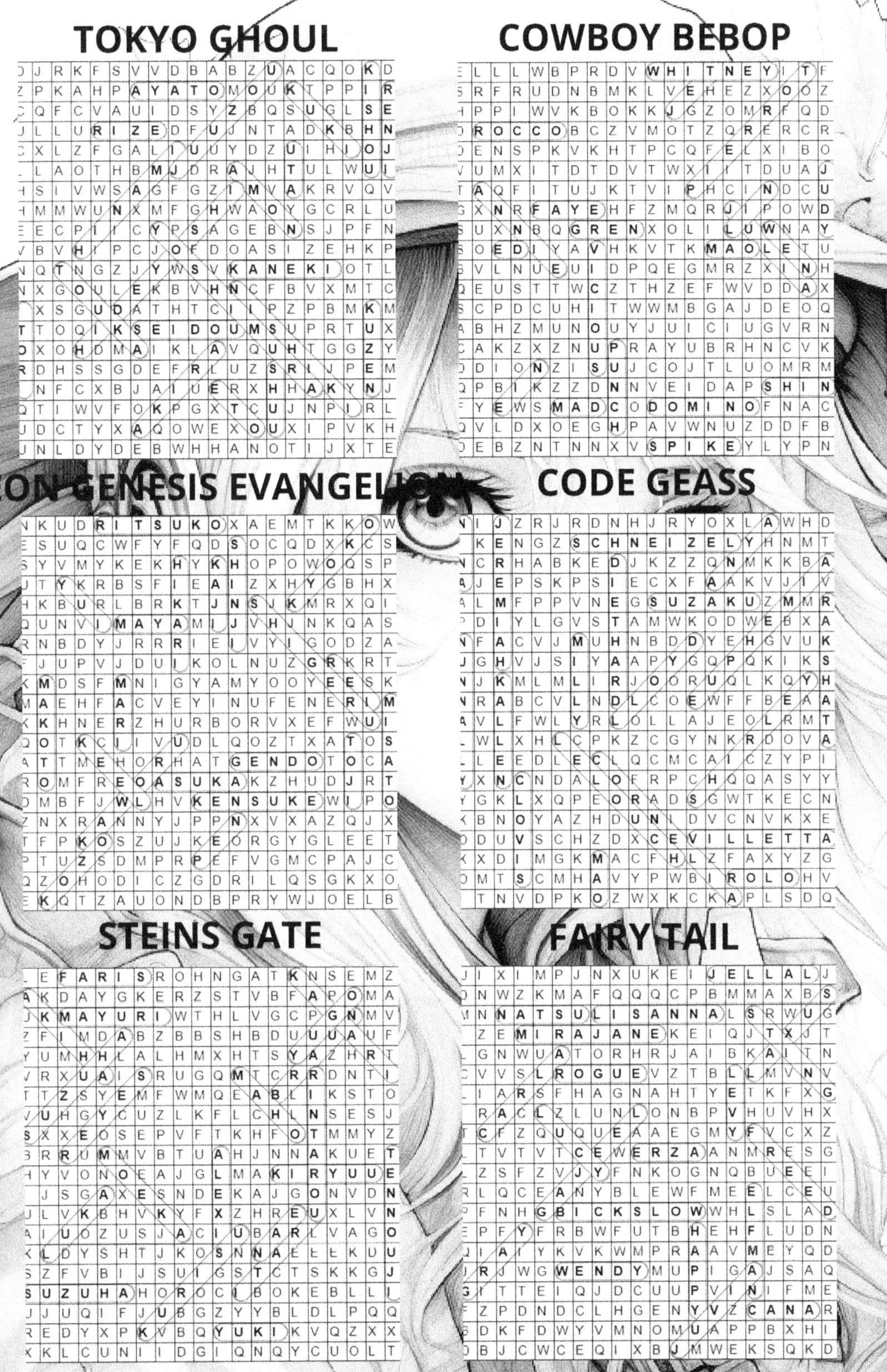

TOKYO GHOUL
COWBOY BEBOP
NEON GENESIS EVANGELION
CODE GEASS
STEINS GATE
FAIRY TAIL

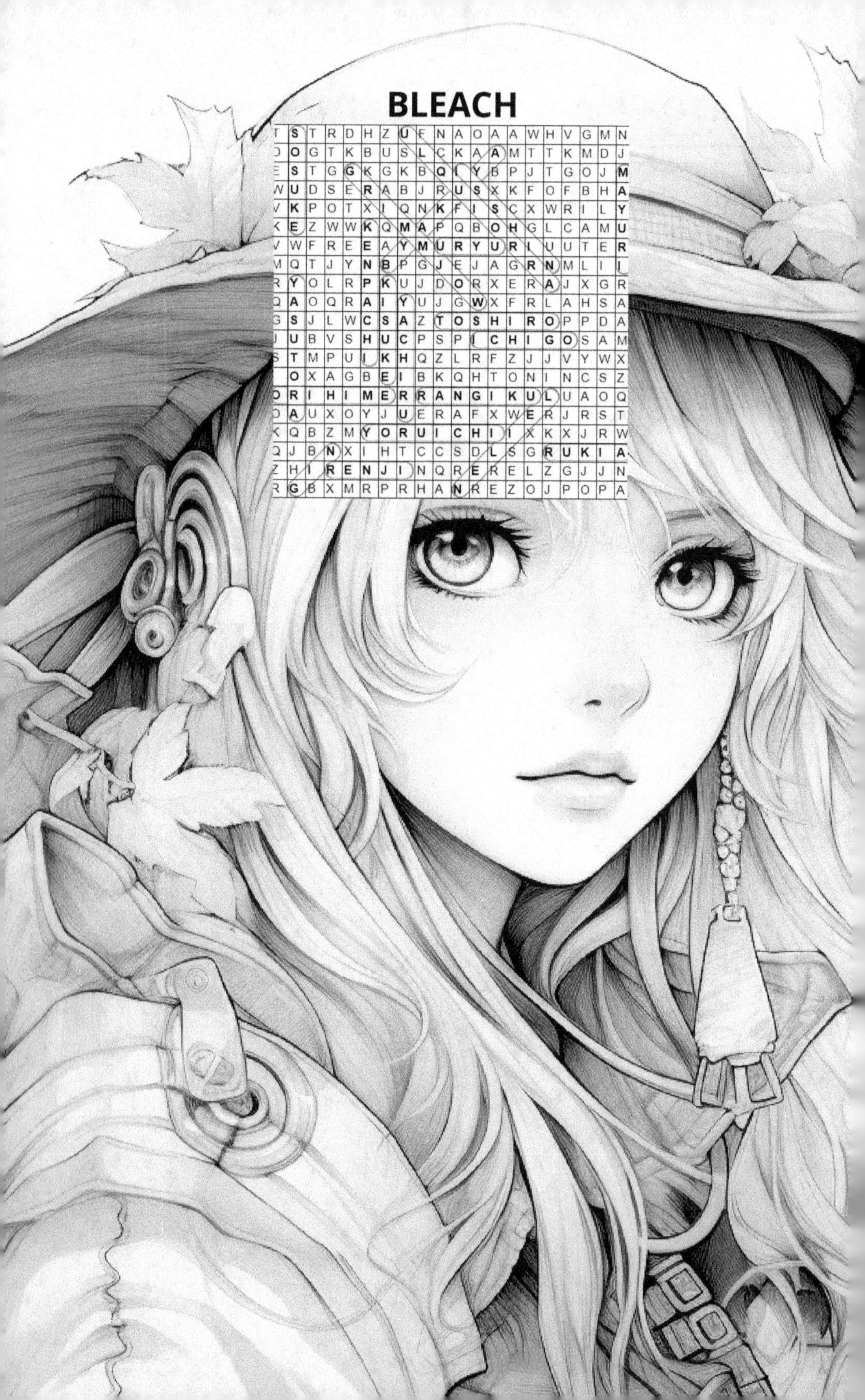

BLEACH
T S T R D H Z U F N A O A A W H V G M N
D O G T K B U S L C K A A M T T K M D J
E S T G G K G K B Q I Y B P J T G O J M
W U D S E R A B J R U S X K F O F B H A
V K P O T X I Q N K F I S C X W R I L Y
K E Z W W K Q M A P Q B O H G L C A M U
V W F R E E A Y M U R Y U R I U U T E R
M Q T J Y N B P G J E J A G R N M L I I
R Y O L R P K U J D O R X E R A J X G R
Q A O Q R A I Y U J G W X F R L A H S A
G S J L W C S A Z T O S H I R O P P D A
J U B V S H U C P S P I C H I G O S A M
S T M P U I K H Q Z L R F Z J J V Y W X
O O X A G B E I B K Q H T O N I N C S Z
O R I H I M E R R A N G I K U L U A O Q
O A U X O Y J U E R A F X W E R J R S T
K Q B Z M Y O R U I C H I I X K X J R W
Q J B N X I H T C C S D L S G R U K I A
Z H I R E N J I N Q R E R E L Z G J J N
R G B X M R P R H A N R E Z O J P O P A

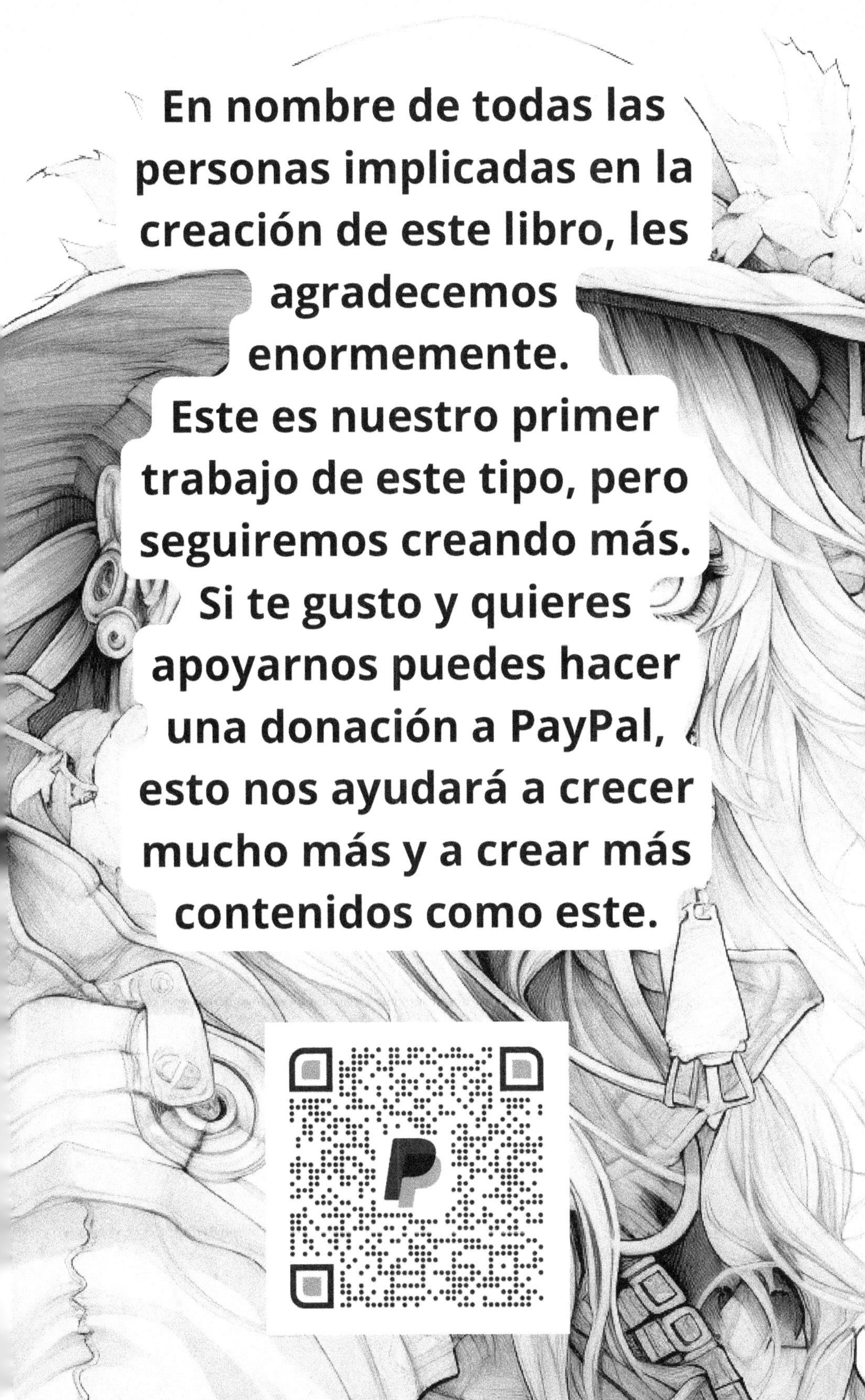

En nombre de todas las personas implicadas en la creación de este libro, les agradecemos enormemente.
Este es nuestro primer trabajo de este tipo, pero seguiremos creando más.
Si te gusto y quieres apoyarnos puedes hacer una donación a PayPal, esto nos ayudará a crecer mucho más y a crear más contenidos como este.

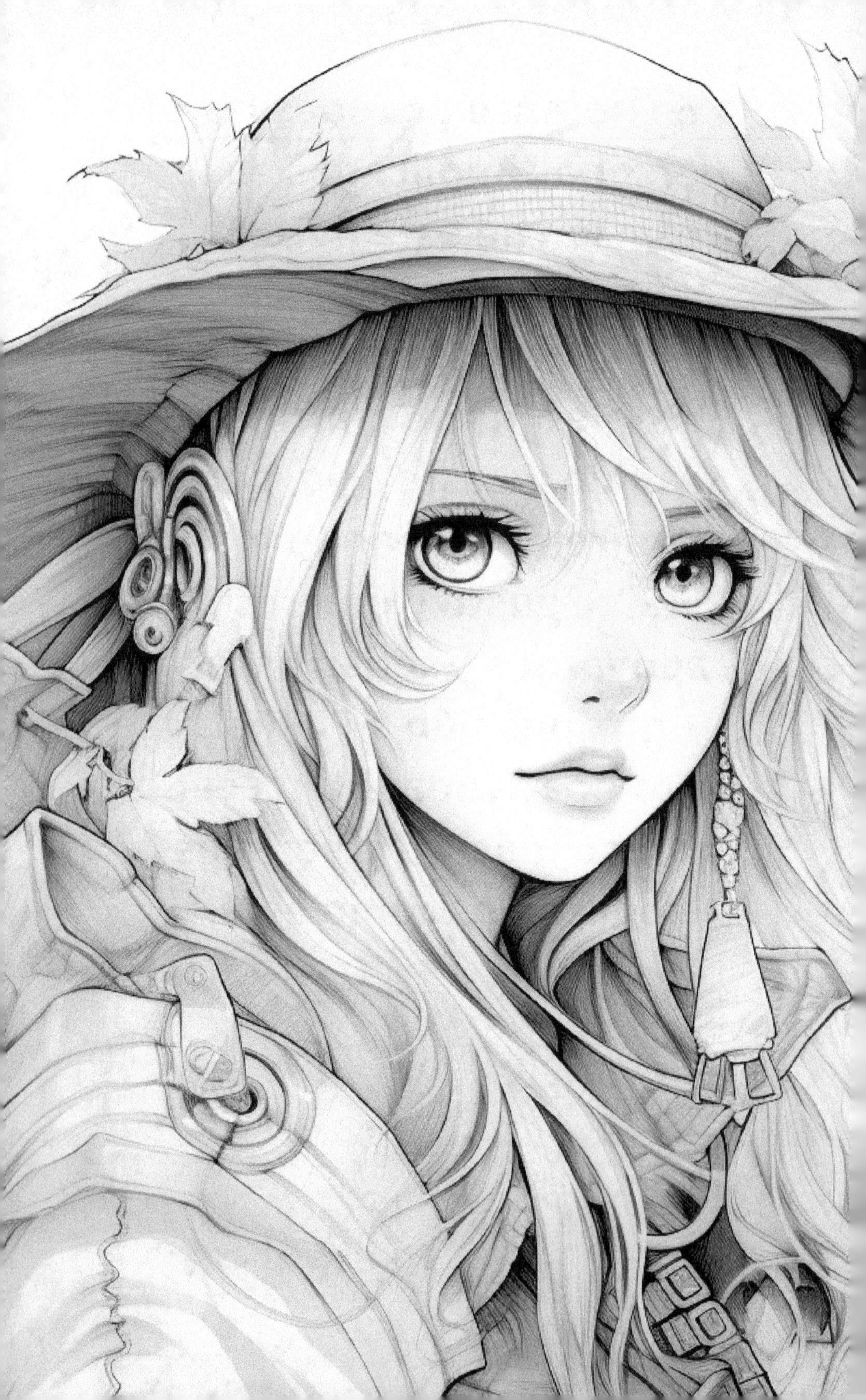